达尔文传

皮波人物国际名人研究中心　编著

国文出版社
·北京·

图书在版编目（CIP）数据

达尔文传 / 皮波人物国际名人研究中心编著.
北京 ：国文出版社，2025. -- ISBN 978-7-5125-1855-1
Ⅰ. K835.616.15
中国国家版本馆CIP数据核字第2024ZS1357号

达尔文传

编　　著　皮波人物国际名人研究中心
责任编辑　张　茜
统筹监制　杨　智
责任校对　周　琼
出版发行　国文出版社
经　　销　国文润华文化传媒（北京）有限责任公司
印　　刷　文畅阁印刷有限公司
开　　本　880毫米×1230毫米　32开
　　　　　　6.5印张　100千字
版　　次　2025年3月第1版
　　　　　　2025年3月第1次印刷
书　　号　ISBN 978-7-5125-1855-1
定　　价　59.80元

国文出版社
北京市朝阳区东土城路乙9号　邮编：100013
总编室：（010）64270995　传真：（010）64270995
销售热线：（010）64271187
传真：（010）64271187-800
E-mail：icpc@95777.sina.net

达尔文（1809—1882 年），英国博物学家，进化论的奠基人。

二十二岁从剑桥大学毕业后，达尔文以博物学家的身份乘海军勘探舰“贝格尔号”进行了历时五年的环球旅行，观察并搜集了动植物、地质等方面的大量材料，经归纳整理、综合分析，形成了生物进化的概念，于 1859 年出版震动当时学术界的《物种起源》一书，成为生物学史上的一个转折点。

他提出以自然选择为基础的进化学说，不仅说明了物种是可变的，对生物适应性也做了正确的解说，从而摧毁了各种唯心的特创论、目的论、物种不变论，使当时生物学各领域已经形成的概念、观念发生根本的改变。

随后他又出版《动物和植物在家养下的差异》《人类起源及性选择》等书，对人工选择做了系统的叙述，并提出性选择及人类起源的理论，进一步充实了进化学说的内容。

目　录

第一章 年少时光

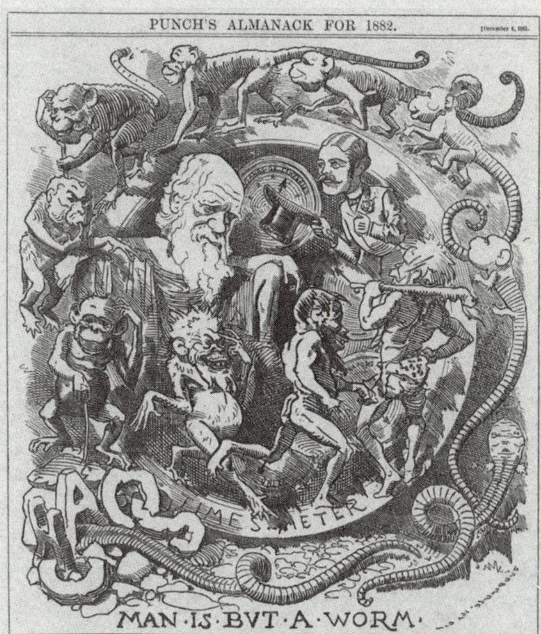
PUNCH'S ALMANACK FOR 1882.
MAN·IS·BVT·A·WORM·

童趣多多

查尔斯·罗伯特·达尔文(1809—1882):英国博物学家,进化论的奠基人。二十二岁从剑桥大学毕业后,以博物学家的身份乘海军勘探舰“贝格尔号”作历时五年的环球旅行,观察并搜集了动植物、地质等方面的大量材料,经归纳整理、综合分析,形成了生物进化的理论,于1859年出版震动当时学术界的《物种起源》一书,成为生物学史上的一个转折点。他提出以自然选择为基础的进化学说,不仅说明了物种是可变的,对生物适应性也做了正确的解说,从而摧毁了各种唯心的特创论、目的论、物种不变论,使当时生物学各领域已经形成的概念、观念发生根本的改变。随后他又出版《动物和植物在家养下的差异》《人类起源及性选择》等书,对人工选择做了系统的叙述,并提出性选择及人类起源的理论，进一步充实了进化学说的内容。恩格斯高度评价达尔文的进化论，指出这是19世纪自然科学三大发现（能量守恒和转换定律、细胞学说、进化论）之一。

达尔文是如何成长起来的呢？这当然跟他小时候的家庭背景有很大关系了。

1809年2月12日，达尔文出生在英国什罗普的一个名叫什鲁斯伯里的乡村小镇上。他的祖父伊拉兹马斯·达尔文是一位诗人、医生、博物学家，父亲罗伯特·达尔文经营一家诊所，母亲是一位陶工的女儿。

达尔文的父亲说过，天生聪明的人能够记得他很小时候的事情。如果这个说法有科学根据的话，达尔文应该不是个天资聪颖的孩子。

在达尔文的印象中，他记得的最早的事情发生在他四岁的时候。那时，他在卧室里，被姐姐抱着坐在她的腿上，忽然小达尔文看到一头牛从窗外飞奔而过，他吓了一跳。姐姐的手里当时正好握着一把水果刀，达尔文因为害怕，一不小心被割破了手指。

1809年，达尔文在这个房子里出生

达尔文的父亲和母亲

1817年7月，达尔文八岁，正是在母亲的怀抱里好好撒娇的时候，可是母亲却不幸去世了。达尔文那时还不太懂事，他只模糊记得母亲穿着黑色天鹅绒的衣服，安静地躺在床上，就像睡着了一样。

达尔文对母亲的印象十分模糊，这大概是因为母亲常年多病，身体十分虚弱。她很少有时间陪着幼小的达尔文玩耍，也很难有精力细心照料他。母亲过世之后，达尔文的姐妹们在悲伤之余很小心地尽可能避免谈到母亲，这应该是达尔文对母亲记忆不多的另一个原因。

1817年春天，达尔文被送到什鲁斯伯里一位牧师办的学校里学习。一年之后，达尔文完全不记得自己到底学到了哪些东西，做了哪些事情，后来竟然连学校在哪里也忘记了。

从小，达尔文就对博物学产生了浓厚的兴趣，他很热衷于采集标本。别的小朋友尽情玩耍的时候，他却在房间里背诵那些让他感兴趣的植物的名字和生长习性。这时候的达尔文已经开始大规模地搜集印章、书信、贝壳、矿石、货币等物品，他还下决心要把他知道的所有岩石的种类,全部搜集到家里的庭院中。大人们看到达尔文的举动,都觉得他以后会成为一个博物学家或者古董收藏家,当然也有人认为他的这种性格过于吝啬,恐怕难成大器。

令人奇怪的是,达尔文的兄弟姐妹中没有一个人像他这样,对搜集东西如此痴迷,这可以说是达尔文个人特性的体现了。

除了这些零散的片段,老年时的达尔文还能够清楚地记得自己童年时接触植物的故事。

小时候的达尔文也像一般小朋友一样,会撒谎,会说大话。他希望能够引起别人的注意,让别人对自己刮目相看。

虽然达尔文的母亲很早就去世了,但是达尔文从小就能够关心照顾其他人,这要归功于他的姐姐卡罗琳对他的教导。

达尔文的兴趣很广泛,他非常喜欢钓鱼,经常在溪畔池边安静地待上几个小时都不会感到厌倦,而且还能够聚精会神地注视着浮标。在达尔文的舅舅家里,他还学会了用盐水腌泡蚯蚓,以此作为鱼饵,但不知道为什么,"渔获量"却总是很少。

达尔文九岁时的画像

去寄宿学校读书

1818年夏天，达尔文进入巴特拉博士在什鲁斯伯里创办的寄宿学校，一直到1825年夏天，达尔文一直都在这所寄宿学校读书学习。

巴特拉博士的学校是名副其实的寄宿学校。达尔文和他的同学们在这里完全可以享受真正的学校生活。这个学校离达尔文的家不算很远，只有两千米，因为从下课到点名的时间很长，学校封门之前也有很长的自由活动时间，所以达尔文经常偷偷跑回家中。从这种意义上说，达尔文一边过着寄宿生活，另一边也并没有失去家庭的温暖以及和家人之间感情的联络。

刚开始在这个学校生活的时候，达尔文几乎赶不上学校封门的时间，如果他不拼命地跑，就会被关在学校外面，这锻炼了达尔文高超的赛跑技能。大多数时候，他都能凭借自己的这项技能赶上进学校的最后时间，有时候快赶不上了，他就在内心不断地祈祷："神啊！请帮助我赶上吧。"当时的达尔文认为，自己没有被关在学校外面不能归功于自己跑的速度快，而是向神的祈祷起了作用。

达尔文很小的时候，家人们都记得他非常喜欢独自散步，但是他散步的时候到底在想些什么，谁也不知道，后来达尔文还保持着沉思的习惯。

在达尔文的成长过程中，巴特拉博士的这所寄宿学校实在是没有太多帮助。因为那里教授的课程除了地理和历史外，其他的达尔文几乎都不感兴趣。

那个时候，达尔文没有学好任何一门外语。

达尔文上学的时候，还有一门重要的功课，那就是作诗。达尔文从来没有尝试过要把诗写好。那时候他有很多要好的同学，只要打开书，把书中的诗歌句子这里抄一句，那里抄一句，然后再借助要好的同学写的那些诗，拼凑一下，无论何种题目都能勉强交卷。

什鲁斯伯里寄宿学校，
达尔文于1818—1825年在这里就读

达尔文最头疼的是背诵之前教过的课业，那真是一种折磨。因为大多数时候达尔文都是利用做礼拜的时间临时抱佛脚，这种瞬间记忆不会长久，所以没出两天，他就忘得一干二净，连一行也背不出来了。那时候达尔文觉得这种背诵实在是浪费时间和精力。

虽然有这么多牢骚，达尔文毕竟还是个很勤奋的孩子，他作诗的时候认真地学习古典诗歌。罗马著名诗人贺拉斯的诗让达尔文很感兴趣。

快从寄宿学校毕业的时候，达尔文的成绩很一般，他的老师和父亲都觉得他太过平庸，甚至可以说他的智力和能力在普通人之下。他的父亲曾用十分尖锐的话训斥他：“你一天到晚只知道捉老鼠、打猎、玩狗，你这样不光是丢自己的脸，咱们全家人的脸都让你给丢光了！”

达尔文虽然有时候会被父亲责骂，但是他知道，他的父亲是世界上最和蔼可亲的人，他永远让达尔文感到特别温暖。他之所以会说出那些过分的话，想必是自己确实做了什么让他非常生气的事情。

达尔文的父亲不但是当地著名的医生，而且为人宽宏大量，独具知人之明，是个感情细腻的人。

有时候，达尔文会偷偷做一些小孩子的恶作剧，他的父亲每次都能够立刻察觉。因为父亲的这种敏锐的洞察力，达尔文不得不老老实实地将事情告诉父亲。

在达尔文的寄宿生活中，也发生了很多有趣的事。许多同学和老师都发现，当达尔文专心思索一个难题时，他就能表现出超凡的能力。

达尔文的家庭教师为他讲授几何学时，他因为解出了证明,心里充满了无限的自豪。达尔文的舅舅告诉他一些生活中的物理常识时,他也因为获得了宝贵的知识而十分快乐。

在各种兴趣中,达尔文最喜欢的就是看书,只要有书他就看。达尔文曾经端坐在闷热的宿舍窗户下欣赏莎士比亚的戏剧,一看就是好几个小时,从来都不会感到疲倦。达尔文也喜欢读苏格兰诗人汤姆森的《四季》,以及当时刚出名的拜伦等人的诗集。

寄宿学校生活刚刚开始时,达尔文的一个同学有一本书,叫《世界的奇妙》。达尔文对这本书爱不释手,他将书借来,痴迷地读了好几遍,还经常和同学们讨论书中的内容。这本书描写了"贝格尔号"的航海故事,这个故事第一次激发了达尔文环游世界的愿望。

在学校的最后一个学期,达尔文热衷于打猎。这时候的达尔文就像献身于神圣使命的人一样,每天都狂热地练习射击。当他第一次射到野鸭的时候,他激动得发抖,竟然连上子弹的力气都没有了。

达尔文对打猎的兴趣一直持续了很久,这让他赢得了"射击名手"的称号。后来他在剑桥上学时,还经常对着镜子持枪做瞄准练习。达尔文小时候就有搜集石头的爱好，上学之后，他对石头的兴趣更浓厚了，达尔文尤其喜欢搜集矿石。不过他的做法并不科学，他热衷于搜集那些流行的、新命名的矿石，但是搜集起来的矿石却没有经过具体分类。

达尔文对昆虫也有着浓厚的兴趣，他十岁时去威尔士海边的普拉斯威杜尔斯游玩，在那里找到一种他在家乡从未见过的有着红黑相间的翅膀的昆虫。在惊喜之余，达尔文对昆虫的兴趣更加浓厚了。

达尔文读了怀特的《塞尔伯恩博物志》之后，又对鸟类产生了兴趣。他开始观察鸟类的习性，还把观察结果记录下来。达尔文觉得做一个鸟类学家是个不错的选择，但是当他把这个想法告诉父亲的时候，父亲却并不赞成。达尔文很疑惑，为什么大人都不想当鸟类学家呢？他当时真是个单纯的孩子。

达尔文的哥哥对化学十分着迷，他在庭院的仓库里堆放了一些化学器具，并把这个仓库当作实验室。他还叫达尔文当他的助手，帮他做实验。

《塞尔伯恩博物志》里的一幅鸟类插图

达尔文的哥哥曾专心地读过亨利和帕克斯的化学专著，所以在制造各种气体和化合物方面，他十分在行。达尔文也觉得做实验很有趣，他们经常“工作”到半夜。在这个实验室里，达尔文学到了很多实用的化学知识，这比学校里的那些理论课程对他有帮助。后来，达尔文和哥哥做实验的事传到了学校里，学校里从没有人这么做过，所以同学们给达尔文取了个绰号叫“瓦斯”。

两年丰富的生活

因为达尔文在寄宿学校的学习成绩不是很理想，所以他的父亲就让他提前退学，把他送到了他哥哥正在就读的爱丁堡大学。达尔文在爱丁堡大学生活了两年。

爱丁堡大学，达尔文于1825—1827年在这里就读

哥哥学的是医学，达尔文后来也被指定学医。他对医学还是很有兴趣的，但是爱丁堡大学枯燥无味的教学方式令达尔文无法忍受。除了霍普教授的化学之外，其他的课程对达尔文来说简直是一种煎熬。他觉得这种讲课方式还不如自己自学。

达尔文从每天早上8点开始接受炼狱般的煎熬。药物学课程让人听了之后浑身不舒服，蒙罗教授的解剖学也无聊透顶，达尔文从心底厌恶这些科目。他总是想，学习解剖学却没有解剖实习的机会，这真是学习过程中最大的不幸。如果老师一开始就让学生们动手实践，也许达尔文就不会对解剖学产生这么强烈的厌恶感。之后的达尔文既不会绘图也不会解剖，这实在是让人遗憾。

达尔文在上临床医学的课时，有一些临床症状让他觉得恶心。直到很多年后，他还能够清晰地回忆起那些让他恶心的症状。即使是这样，达尔文也没有因为厌恶而缺了哪一堂课。

达尔文在进入爱丁堡大学之前，就已经开始为什鲁斯伯里镇上的穷人，尤其是一些孩子和妇人治病了。那时候达尔文十分详细地将他们的症状记录下来,然后大声地念给父亲听,父亲就教他怎样进行下一步的诊察、应该用哪些药等,后来达尔文逐渐能够独立配制药方。

那时候,达尔文对医术十分痴迷。有一次,他一下子诊治了十二个病人,之后他更是热衷于这种工作。达尔文的父亲一向有知人之明,他认为达尔文将来一定可以成为有名的医生。他相信,被人信赖和寄予厚望也是成功的秘诀之一,不过到底是达尔文身上的哪一点让父亲如此信赖呢?也许连达尔文自己都不清楚。

在爱丁堡大学的时候,达尔文目睹了两次手术。有一次病人是个小孩,达尔文看着手术的过程,忽然觉得不忍心,没等手术结束他就逃出了手术室。从此之后,达尔文再也没有进过手术室,任凭谁说,他也没有进去。当时那个手术的情景在之后很长一段时间里一直困扰着他。

达尔文的哥哥在一年之后离开了爱丁堡大学,第二年,达尔文开始独自生活。这种生活状态对达尔文来说是个绝佳的机会，在这段时间里他认识了几位对自然科学也同样有兴趣的青年。

这几位青年中，有一位叫恩斯瓦斯，他之后还出版了《亚述旅行记》一书，他是魏尔纳学派的地质学家。达尔文还认识了科尔斯屈里姆博士，他是一个杰出的学者，待人亲切、和蔼可亲，而且信仰坚定，他曾发表过多篇优秀的动物学论文。

达尔文认识的第三位青年是哈迪，很多人都认为他能成为一位优秀的植物学家，可惜天妒英才，哈迪后来在印度英年早逝。

最后一位青年是比达尔文大两三岁的葛兰特博士。他发表过十分出色的动物学论文，之后在伦敦任大学教授。但是不知道出于什么原因，他后来不再从事科学方面的工作。

达尔文跟葛兰特博士关系很好，他眼中的葛兰特博士，态度认真、遇事镇静，冰冷的外表下隐藏着燃烧的热情。

葛兰特博士和科尔斯屈里姆博士都热衷于海洋动物学，达尔文经常陪着葛兰特博士到退潮后的浅滩采集动物标本，达尔文用他那生疏的手法帮葛兰特博士解剖海洋生物。后来，达尔文与这一带的渔民们熟识了，经常一边跟他们聊天，一边看他们用拖网捉牡蛎。由于达尔文没有接受过真正的解剖学训练，而且他只有一台便宜的显微镜，所以结果可想而知。即便是这样，达尔文还是有一点小小的发现。1826年年初，达尔文发表了他的研究报告。研究报告中说，大家普遍认为的藻苔虫卵其实并不是卵，而是一种用纤毛独立运动的幼虫。

达尔文的另一篇简短的论文表明，之前人们认为是墨角藻的初期形态的小型球体，其实是一种卵囊。当时的自然科学界有一个颇具权威性的团体，那就是普林尼协会，它由詹姆逊教授掌管着。詹姆逊教授是一位真正的开创者，协会里的成员都是学生。成员们聚集在大学的地下室发表有关自然科学的论文，并且进行热烈的讨论。达尔文参加过这个协会，与协会的每个人都成了志趣相投的朋友。

达尔文与协会成员们发表的论文并没有送到印刷厂，因为协会的成员都认为将自己写的东西印成铅字，并没有什么实在意义。后来，达尔文又曾以皇家医学协会会员的身份参加过一些聚会，这些聚会讨论的是医学方面的知识，但气氛并不像普林尼协会那样热烈而友好。当然，聚会发表的论文不都是枯燥无味的东西，也有少数让人十分感兴趣的发言，比如J. K. 夏特尔渥斯爵士的讲话。J. K. 夏特尔渥斯爵士是个风趣幽默的人，他能将理论研究与实际生活紧密结合，发言时绘声绘色。

葛兰特博士也经常带达尔文去参加一些权威性的学术研究聚会，在那里发表的论文有可能被刊载在会报上面。达尔文在爱丁堡大学的第二年，詹姆逊教授开始在爱丁堡大学讲授地质学和动物学。达尔文抱着很大的期望去上詹姆逊教授的课，可是结果令他很失望，以至于他决定这辈子都不再翻地质学的书籍，也不会再从事关于地质学的研究。

在什罗普，有一位十分了解岩石的老人，他叫哥顿，他曾指着什鲁斯伯里镇的一种“钟石”说：“除非它能飞到苏格兰那边，否则它将永远找不到同伴。”然后他还很严肃地加上一句：“纵然到世界末日的时候，也不会有人知道这种岩石为什么会跑到这个地方来。”

听到这句话，达尔文深受触动，他仔细地对着这奇特的岩石研究了半天。为了找出这种岩石出现在这里的原因，达尔文翻阅了很多资料，终于在书上读到冰山搬运岩石的理论。他忽然觉得地质学并没有想象中那么简单，立刻就对地质学又产生了兴趣。

在詹姆逊教授的课上，达尔文认识了利普雷。他之前是博物馆的工作人员，后来从事苏格兰鸟类的研究工作，出版了很多优秀的作品。达尔文曾向利普雷讲述了一些关于博物学的十分有趣的事情，利普雷对达尔文也很友善，送给达尔文一些珍贵的贝类标本。

每年暑假，达尔文都过得很开心，因为可以有很多时间用来游玩。不过，他一直没有忘记读书。只要有时间，达尔文就会坐下来专心地读书。

1826 年暑假，达尔文跟两位朋友一起徒步到北威尔士旅行，他们每天都要走五十千米左右的路程，不久后他们就征服了斯诺登山。后来达尔文还带着他的妹妹，偷偷跑到北威尔士骑马旅行。

1827 年暑假，达尔文没有再去狩猎，他到希尔家做客。这期间，达尔文认识了著名的J. 马修爵士，这是他一生难以忘怀的事情。

J. 马修爵士是当时的名人。受到名人的夸奖，达尔文当然非常高兴，但是他也知道，自己不能志得意满，以后还应该脚踏实地走路。

这个暑假，达尔文经常悠闲地散步，疯狂地骑马，在希尔家享受着十分惬意的生活。每到晚上都会有内容丰富的晚会，晚会上充满了欢笑与歌声。

希尔家这个地方，夏天的时候风景也很美。黄昏时分，经常会有一群人聚集在摆着花盆的古旧廊柱的阶梯上，繁盛的树木与古老的堤坝都倒映在湖水里，水面上时不时有嬉戏的鱼儿露出头来，还有一些鸟类悠闲地在湖边游走。达尔文从来没有见过如此美丽的黄昏，这诗意般的景色留在了他的脑海中。

剑桥的三年

达尔文从爱丁堡大学毕业后,他的父亲有意让他去做牧师。达尔文请求父亲让自己考虑一下再做决定。因为他觉得自己对于英国国教的教义并不是完全信服。仔细读了几本有关神学的书之后,达尔文认为自己可以胜任牧师这个职位,而这也是他当时最好的选择。不过有意思的是,很久之后达尔文的“进化论”受到教会的严厉谴责,很难想象,他最初还有当牧师的想法。

既然达尔文已经决定当牧师,那么就必须到英国的大学里去拿个学位。但是达尔文在爱丁堡大学的两年间,从没有翻过古典书籍,达尔文早把之前学的,包括极少的希腊字,忘得一干二净,这是让他瞠目结舌而又十分烦恼的事。

剑桥大学，达尔文于1828—1831年在这里就读

所以,1927 年 10 月学期开始的时候,达尔文没有进入剑桥,而是在什鲁斯伯里跟家庭教师学习,直到圣诞节结束后的 1828 年年初才进入剑桥。达尔文很快地重拾学校时代的那些他认为很枯燥的知识,像荷马的史诗、希腊语《圣经》、简单的希腊语书籍等,到进入剑桥时都可以毫不费力地将它们都翻译出来了。

不过,达尔文在剑桥的那三年,关于学问方面,跟爱丁堡大学时代一样,完全是浪费时间。

达尔文为了学数学,就在 1828 年夏天,去往巴马斯的海水浴场跟一个家庭教师补习,但是他一点也没有进步。达尔文讨厌数学,总是在想为什么一定要学初级代数。达尔文就因为这个原因而没有再学数学,不过这后来让他十分后悔。——后来达尔文见识到了具有这方面知识的人,往往比普通人更能够方便地处理数学,才深深后悔自己当初要是多努力一点,至少知道一些基本原理就好了。不过达尔文不知道,即便多用一点功,也不一定能够完全理解数学,这个问题他从来都没考虑过。

至于古典,只有两三个必修的科目,上课时只要人到就行了。到了第二年,达尔文很容易地通过了预备考试那一关。

到了最后的一个学年,为了取得文学士的学位,达尔文特别用功,他拼命地啃古典,学了一点代数,对几何尤其认真。跟在爱丁堡大学时代一样,达尔文对几何最感兴趣。

达尔文知道,为了通过文学士学位的考试,著名神学家柏利的《基督教教义证验论》和《伦理学》非得精读不可。

所以,达尔文在这两本书上下了苦功夫,后来他还总结说,这两本书所有的论证都写得非常好。

和《基督教教义证验论》同一作者的另一册《自然神学》,也让达尔文十分着迷。那时读的书之所以对达尔文思想的成长有很大帮助,是因为这些著作不必死背,只要用心研读就可以了。达尔文过去这样相信,现在还是如此。

当时达尔文对于柏利论证的“前提”,一点没有怀疑,将所有学说全部吸纳,迷惑、叹服于其迂回巧妙的逻辑开展中。考试的时候,关于柏利的问题达尔文都对答如流，就像灵巧地解出欧几里得几何那样，在那群不想拿优等的学生当中，达尔文算是成绩相当棒的一个。

剑桥大学有几个科目采用讲解式，不过上不上课都无所谓。达尔文因为对爱丁堡大学的讲解产生了抵触心理，所以他甚至连谢治威克教授雄辩而有趣的讲解也不去听，如果达尔文认真去上课的话，恐怕早就成为地质学家了。

但是达尔文一心只听亨斯罗教授的植物学，达尔文佩服他那清晰的讲解和巧妙的论证，这应该是因为他学过植物学并且对其十分感兴趣。

亨斯罗教授经常带着学生徒步或乘马车，有时乘船顺流而下去往郊外，让学生们见识大自然。他还把他所观察到的珍奇植物和动物加以讲解，那种讲解课程的方式真是令人愉快。

虽然剑桥大学的生活有很多值得称赞的地方，但是大多时候对于达尔文来说都是浪费时间。

达尔文除了射击和打猎，最喜欢的就是遛马了，所以他后来积极参加了狩猎社，那里有几个好玩的青年。

达尔文与他们经常在黄昏时一起进餐，有时会喝得酩酊大醉，而且一直在喧闹、大声唱歌，最后如果不尽兴的话还要打扑克牌。

这样夜以继日地游手好闲，让达尔文感到非常羞耻，但是同伴都是那样豪爽、活泼。每当达尔文回忆起当时的情景就不由得感到心动。

值得庆幸的是，达尔文除此之外还有很多完全不同个性的朋友。

例如，日后成为名列前茅的优等生的怀特雷。达尔文与他经常在一起长时间散步，而且受了他的影响，达尔文对绘画和雕刻也产生了兴趣，有时也买些自己喜欢的作品。而且，达尔文也常到费支威廉美术馆去。达尔文认为自己的鉴赏力是相当不错的，而且他总会想出办法，跟那年老的美术馆管理员聊聊就可以看到最了不起的作品。

达尔文也曾经精读过英国最伟大的肖像画家约翰·雷诺德爵士的《美术论》。当然，达尔文的艺术修养不是与生俱来的，而是长年累月到伦敦国立美术馆欣赏很多名画而增长的。尤其是瑟巴斯千·特尔·毕欧尼柏(Sebastiano del Piombo,1485—1547,文艺复兴时期威尼斯著名画家)的作品,在达尔文看来,真是登峰造极。

达尔文还跟音乐俱乐部的人关系搞得不错,达尔文经常跟他们有往来,时常会去聆听他们演奏,渐渐对音乐也产生了兴趣。

尽管剑桥时代的达尔文有多方面的兴趣,但是没有哪一样比得过采集甲虫,这个兴趣让达尔文十分痴狂。不过达尔文的兴趣的重心主要是采集,除了认出名字之外,没有进一步地对甲虫做解剖,或者将其外观上的特征描绘出来做比较。

虽然达尔文的采集手段已经十分高明了,不过他又发明了两种方法。他雇人在冬天到古树上刮青苔放在大袋子里,或者到运送芦苇的舢板底下去刮污垢,往往可以采集到很多非常珍奇的品种。

引导达尔文研究昆虫学的是达尔文的堂兄威廉·福克斯·达尔文,当时他就读于克莱斯特大学,他的头脑灵活,而且人也很活跃,跟达尔文关系十分

亲密。

那个时候，跟达尔文一起去采集的朋友有阿尔伯特·魏伊，他后来成为有名的考古学家。还有同校的H.汤姆普森也是采集的同伴，他后来成为第一流的农业家、大铁道公司的董事长、国会议员。

那时达尔文总是在想，只要是对采集甲虫有兴趣的人，将来就一定会有很大的成就的。

等到达尔文老去的时候，他总会回忆起当时在剑桥时采集的甲虫，竟然大多数到现在都还留有很深刻的印象，甚至就连捕获的场所，当时的那棵古树还有经常去的土堤等地方，都历历在目。

在达尔文身上发生了一件比任何事情对他的一生影响都大的事情，那就是亨斯罗教授对达尔文亲切的指导。进入剑桥之前，达尔文就听哥哥说亨斯罗教授在很多的学科方面都具有丰富的知识，因此达尔文一开始便对他抱着很尊崇的态度。教授每周一次在自己的住宅里集合对科学热心研究的学生和毕业生举行聚会。很快地，达尔文通过福克斯的介绍，也能够参与这种聚会。

不久，教授开始注意到达尔文。在剑桥的后半学期的大部分时间里，达尔文都会与他一同散步。所以在老师之中有人称呼达尔文为“跟亨斯罗一起的那个男孩子”。

平日里每到黄昏，达尔文都会接受亨斯罗教授的邀请与他的家人一起进餐。亨斯罗在植物学、昆虫学、化学、矿物学、地质学方面的知识非常广博，他的结论都是源于非常细致的观察，他的判断力非常强，而且很有人格魅力。但是美中不足的是，达尔文觉得教授似乎并不是一位具有独创性的天才。

亨斯罗教授崇拜宗教，而且他的思维方式也相当独断。他曾经说，英国国教三十九条教条，即使改动一句话，他都不能接受。不过尽管如此，他在道德上很高尚，而且也少有很多人都有的虚荣心。亨斯罗教授还是一个心胸宽广的人。就在教授住在其他城市的时候，为了拯救贫苦的教区人民，他想尽了各种办法去帮助他们。达尔文觉得，他能认识这样的人实在三生有幸。

休威尔博士经常访问亨斯罗教授。达尔文与他们经常在一起讨论严肃的问题。休威尔博士是继马金多修爵士之后最会说话的人，他还发表了几篇有关博物学的有价值的论文。

雷奥纳多·杰宁斯是亨斯罗教授的表弟，经常来看望亨斯罗教授。达尔文有时会到杰宁斯在沼泽地方的牧师宿舍去拜访他，与他一起散步，而且还经常讨论博物学。

达尔文对化学不太感兴趣，但也认识几位比达尔文年长的亨斯罗教授的朋友。其中一位是亚历山大·拉姆谢爵士的兄弟，苏格兰人，西沙斯大学的老师。他是个很乐观的人，但不幸的是他却英年早逝了。另一位是多斯氏，后来因办贫民教育成功而出名。亨斯罗教授经常跟这些人，还有其他同样身份的人一起到乡下旅行，达尔文也经常陪着他们一同前往，这些往事让达尔文留下了很多愉快的回忆。

也许，在达尔文身上有一种比其他青年优秀的地方，要不然，像那些比达尔文年长、学术地位很高的人是不会让达尔文进入他们的交际圈里的。不过达尔文自己却想不出他有什么地方比别人优秀。

达尔文的狩猎朋友泰纳,看到达尔文在研究甲虫,曾经说达尔文以后可以成为皇家协会的会员。这种想法令达尔文感觉简直是天方夜谭。

就在剑桥里的最后一年,达尔文读到德国地理学家兼旅行家洪保德的《南非旅行记》。这一部著作有着重要的意义,它跟J. 赫歇耳爵士的《自然哲学研究入门》一样,在达尔文对自然科学狂热兴趣的心理发展上起了很大的作用。没有哪部书像这两部书对达尔文的影响那么深远。

后来,达尔文还抄下洪保德有关特内里费岛的长文,在旅行的途中给亨斯罗教授、拉姆谢教授和多斯他们大声地朗诵。达尔文还与他们讨论了特内里费岛的壮丽景象,其中的几个人说,以后一定要到那里去看看。

从他们的语气和态度中可以看出来他们其实是以玩笑的形式说的,但是对于达尔文来说,这些计划却是他打算要认真去完成的。后来,达尔文甚至为了调查船班,还从伦敦的商人那里拿到了介绍信。但是这个计划,对于“贝格尔号”的航海来说显然是没什么大用的。

在剑桥生活的三年，对于达尔文的人生来说是比较愉快的。或许，那是因为达尔文当时十分健康，而且几乎在任何时候都充满了活力的缘故吧！

奔向起航的决心

1831年年初，达尔文离开了剑桥。亨斯罗教授曾经建议达尔文去修习地质学。

听取这个建议之后，达尔文就回到什罗普调查当地的地层，而且还在地图上用颜料分色绘示地层。

8月初，为了进行有名的古代岩石地层调查，塞治威克教授决定去往北威尔士。亨斯罗教授安排他带上达尔文一同前去，后来塞治威克教授就到达尔文家住下。

就在塞治威克教授搬过来的当天晚上，达尔文与教授进行了简短的谈话，但是这在达尔文的心中留下了永不磨灭的印象。

当达尔文与塞治威克教授调查什鲁斯伯里附近一个古老的矿坑时，有一个矿工说他在坑内发现了一个巨大的已经磨损了的贝壳，现在放在家里的灶边。达尔文猜测矿工的话是真的。塞治威克教授认为，如果真是本来就埋在坑内的东西的话，有关英格兰地方的表层沉淀之说就变成胡说八道了，这对于地质学而言是一件很不幸的事。这个沙砾层其实是属于冰河时期的，后来达尔文在这里发现了北极的贝壳断片。但是，那时让达尔文感到惊诧的是，塞治威克教授对于在英国中部地层表面附近发现了热带的贝壳这样令人兴奋的事，根本就没有什么喜悦之色，而是一副生气的样子。

在此之前，达尔文已经读过种种关于科学的书，但是没有一部明确地告诉读者，所谓科学，应该是归纳种种事实，由此导出一般性的法则或结论。第二天早上，达尔文与塞治威克教授朝着朗果伦、康卫、班戈尔，以及卡彼尔罕立格出发。这次旅行使达尔文学习到一些调查某些地方的地质的方法，达尔文受益匪浅。塞治威克教授让达尔文搜集标本，并在地图上记下地层，这应该也是为达尔文的学习着想。不管怎样达尔文还只是一个新手，就连帮助教授的知识也还没有。

这次的旅行让达尔文深刻地认识到，不管是如何明显的事实，如果没有一个有眼光的人在旁指导，就很容易被忽略掉。达尔文他们在昆姆依德瓦尔停留了相当长的一段时间，由于教授想发现化石，所以他热诚地调查所有的石头。但是达尔文与塞治威克教授对于冰河留下的重要的痕迹——确切地说，就是有沟槽的岩石、冰河所搬运的漂石、侧堆石、末端堆石等却一点也没有注意到。

由于这些痕迹是很容易就被发现的，所以就像后来在物理学杂志上发表的论文所说的，要读出这个山谷的历史，比在火灾之后推测那个地方曾经是否盖过房子还容易得多。而且那里除了冰河覆盖之外，很难找出相反的证据。

在卡彼尔罕立格与塞治威克教授分手之后，达尔文就不走大路，单凭着手里的地图和罗盘，直接翻山到了巴马斯。达尔文感觉，那样在陌生环境的深山里摸索前进，实在是件非常愉快的事。北威尔士的地质调查旅行回来之后，达尔文在巴马斯访问过剑桥的朋友，回家后又到梅尔去狩猎。当时达尔文认为，与其为了地质学或挂上其他科学之名的事情而错过美好的景色，还不如疯狂打猎。

达尔文曾收到亨斯罗教授的信。信上说，政府命令到南美洲最南端去做调查工作的费茨·罗伊舰长提供一个舱位给一名无薪的博物学者做研究工作。教授认为这是一个绝佳的学习机会，于是就推荐了达尔文。

达尔文对于这次行动当然是很乐意接受的，但是达尔文的父亲认为到那种地方生活五年，对于牧师的工作一点用处都没有，并且还时刻都处于危险的境地，所以极力反对，不过他之后又补充一句说，如果真有一个有头有脸的人鼓励达尔文去的话，他也没话说。

第二天，达尔文为了赶上狩猎解禁日就到梅尔去了。在狩猎的时候，舅舅把达尔文叫到身边，舅舅认为为了达尔文的将来着想，去南美洲学习是一个不可错过的机会，要达尔文回去跟父亲好好商量。

在父亲的心目中，达尔文的舅舅是一个最值得信赖的人，因此当他得知达尔文的舅舅鼓励他去之后便马上愉快地改变了初衷。第二天，达尔文到剑桥去见了亨斯罗教授，为了跟费茨·罗伊舰长见面而又前往伦敦。舰长这个人很有意思，而且他懂得看骨相。在达尔文跟舰长混熟了之后，舰长才坦白地告诉达尔文，由于达尔文的鼻形，他差一点拒绝达尔文的这一次同行。

费茨·罗伊舰长是瑞士骨相学家的信徒，他相信人的性格可以从他的外表来判断，像达尔文这种鼻子的男人，似乎缺乏周游四海所必备的精力和判断力。但是这之后，费茨·罗伊舰长对达尔文没有表现出他所说的鼻子所具有的那种性格感到十分满意。

舰长是一个与众不同，而且有很多优点的人，他有着强烈的责任感、待人宽大、大胆而有决断力，并且精力充沛。只要是见过面的人，他都会尽力照顾，有困难一定不厌其烦地帮忙到底。

舰长风度翩翩、彬彬有礼，完全有着绅士的风采。听别人说起过，他跟他舅舅——有名的嘉斯卢烈爵士——一模一样，但是达尔文看着舰长的容貌，倒有点像是继承了查理二世的血统。因为达尔文曾经在一本相簿上看到查理二世的后裔阿尔巴尼伯爵索维厄斯基·史都华的照片,回头想想舰长的样子,竟然跟他很相像,这使达尔文吃了一惊。不过舰长的脾气确实叫人吃不消,多半是在早晨爆发,他瞪大他的“鹰”眼,巡视全船,找到有什么地方不对就大发雷霆。

舰长对达尔文却是十分亲切,但是长期居住在一起,想要和睦相处是很困难的,达尔文与他也经常吵架。

在某些方面,费茨·罗伊舰长的性格是达尔文见过的人当中最优秀的。

1831 年 9 月 11 日,达尔文跟舰长一起到停在朴次茅斯港的“贝格尔号”去,然后回到什鲁斯伯里向父亲和兄弟姐妹们道别。在出行之前,由于遭遇了海上的强风,他们又等了有两个月之久。在这一段时间,达尔文利用闲暇时间给亨斯罗教授写了一封充满希望的信。

从这之后,达尔文就必须跟家人和朋友们分别一段时间,每想到这,他都会心酸不已。

阴沉沉的天,这倒像是在给达尔文增加悲伤的氛围,而且他的心脏总是狂跳不已,这让他苦不堪言。由于达尔文在医学方面的造诣不深,他一度认为自己患了心脏病。

为了这次出航,达尔文一直隐瞒着这种症状没有去看医生。这是因为达尔文已经破釜沉舟,无论遇到何种困难都打算坚持到底了。

第二章 环游世界

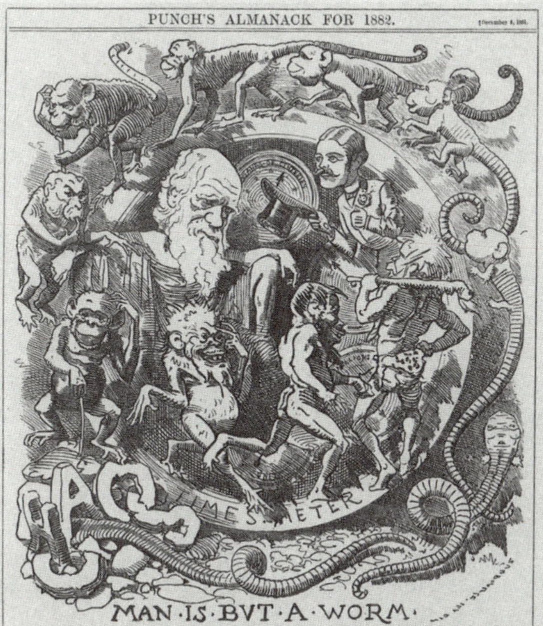
PUNCH'S ALMANACK FOR 1882.
MAN·IS·BVT·A·WORM·

里约热内卢的风光

1831年12月27日，装备了十门炮的军舰“贝格尔号”（别名“棺材”）整装待发。一声令下，在费茨·罗伊舰长的指挥之下，由德庞港缓缓驶了出去。

后来达尔文通过舰员得知，这次远航的任务是完成从1826—1830年已经着手的从南美巴塔哥尼亚到火地岛的测量，调查智利或秘鲁的海岸以及其他太平洋小岛，并且环游世界一周，测定经度。这是一项光荣的任务。

“贝格尔号”从特内里费岛和加纳利岛经过，一个月之后，到达了开普德佩尔地诸岛，在圣哈哥岛下锚。从海上看去，岛上的景色一片荒凉，由于火山的喷发和天气的燥热，几乎是没有草木，光秃秃的。

“贝格尔号”素描

利用停留的时间，达尔文调查了一下栖息在这个地方的海洋动物的习性。其中最有趣的是章鱼，它们栖息于退潮后的水洼中，但是很难捕捉。它们用长腿和吸盘紧紧地抓住岩石的细缝，在水里像箭一样地前进，同时吐出茶色的墨汁，用来掩护自己。更有趣的是，它们像变色龙一样，会改变身体的颜色，在深水中通常是带茶色的紫色，但是在陆上或浅水时就变成黄绿色了。仔细观察，这种变色是由绿色素的浓度变化和上面的鲜黄色小斑点的出现与消失而产生的。

在岩石上寻找海栖动物的时候，达尔文经常听到一种低微的轧轧声，并且伴随着喷水，这就是章鱼。等他下去查看,果然是章鱼。

船又向南美前进,横越大西洋时,经过圣保罗岛附近。远离大陆的大洋中的小岛,通常不是珊瑚礁就是喷出岩构成的,但是这个岛却是个纯粹的岩礁。从远处看来一片白色,那是因为上面覆盖着一层鸟粪。

有些岩石上覆盖着像珍珠一样坚硬光滑的物质,经仔细观察,达尔文才断定这是鸟粪一类的物质,受到雨水和海浪长期冲刷而形成的。

岛上有两种鸟,一种是鲣鸟,一种是燕鸥。这两种鸟都十分温和,但很愚笨,如果想要打死它们,只要在它们身后用铁锤敲一下就能够得手。此外,还有鱼、蟹、一些昆虫、蜘蛛等。

太平洋的珊瑚礁上面长着巨大的椰子树,还长着一些稀有的热带植物以及各种鸟类。据说这种小岛适合人居住,但达尔文并不相信这样的传闻。

让达尔文更兴奋的是,他看到大洋中的小岛最原始的生物,竟然是吃泥巴的。还有岛上各种寄生的昆虫和蜘蛛类,岛的周围则栖息着很多鸟类。

1832 年 2 月 29 日,“贝格尔号” 抵达了巴西的圣萨尔瓦多。这是达尔文二十多年来第一次独自在原始森林里面游历，作为博物学家的达尔文，内心的亢奋是无法用语言来形容的。

广阔的原始森林里，有着美丽的花草、稀奇的寄生植物、繁盛的树木，种类数不胜数，着实令人吃惊。响亮的虫鸣声，停泊在数百米外的船上竟然可以听得到，但是森林的深处却是一片死寂。

在离开圣萨尔瓦多，“贝格尔号”驶向里约热内卢的半路上，海水被染成一片赤茶色。如果用放大镜观察，可以看到水面上浮满了像稻草被切成一小节一小节、筷子被刻成锯齿状的东西，这是一种圆筒形的藻类，与红海的是同一种类。

达尔文和舰员们在智利海岸看到一种像洪水来临时候的泥水，用杯子汲起来观察，略带红色，用显微镜仔细看，可以发现一种小生物以很快的速度在游动，并且能够不断地分裂。

后来，在离火地岛的陆地不远的海中，他们也发现一条鲜红的水带，据猎海豹的渔民说，这是鲸鱼的食物。

抵达里约热内卢几天之后，有一天达尔文想到一百六十千米之外的地方去看看，罗伊舰长表示愿意与达尔文同行。

于是，达尔文与他翻越了翠绿的山坡，穿越广袤的森林，通过黑暗的小屋，在黄昏的时候到了峻峭的花岗岩的山崖下。这里是逃亡奴隶的栖身之处，听说有一次，有一个老妇人被捉到了，她为了求死，从山顶上跳下，摔得粉身碎骨。

在行进当中，达尔文与罗伊舰长的马经常被吸血蝙蝠爬到身上吸血。第二天早晨发现马被咬的地方肿了起来，而且渗着血。不过，三天之后就自然痊愈了。

除了奴隶制度之外，这里单纯而宁静的生活，确实令人向往。达尔文心想，在这与世隔绝的世界，即使发生了什么事也只有岩石和森林知道。

就在某一天，当时太阳还没有升起，达尔文听到一个黑人用他那嘹亮的歌喉打破清晨的寂静，唱出赞美歌。达尔文想，在这里，即使是奴隶，似乎也能够过着幸福而充实的生活。

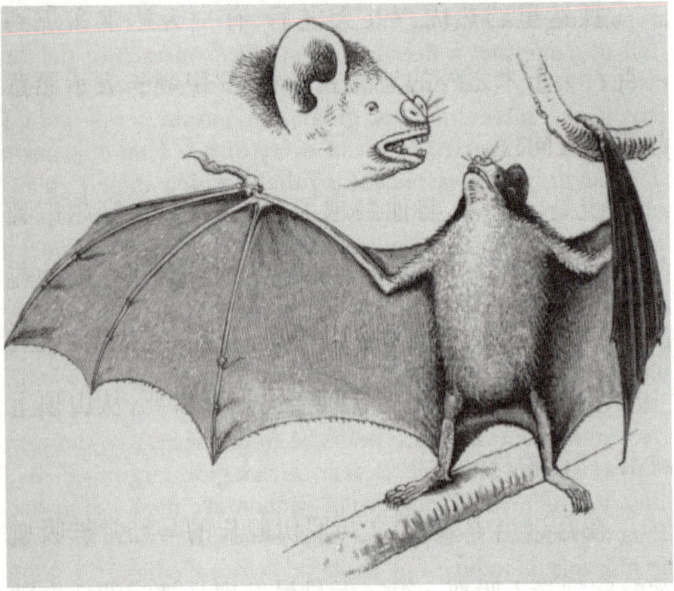

吸血蝙蝠

当达尔文离开这里到深山里的农场参观的时候，看到了奴隶制度残酷的一面。

有些需要钱用的主人，把奴隶的妻子、儿女陆续地送往里约热内卢去拍卖。这种事情后来虽然停止了，但是与其说是基于人道的理由，不如说是基于卖奴隶不赚钱的真实原因。达尔文总认为，他们把一个长年相依为命的家庭拆得妻离子散，这种残酷而不人道的行为，令人心酸。

像这样的奴隶主，平时看起来亲切优雅，但是如果触及了自身的利益，就会做出最卑劣的行为。

达尔文与罗伊舰长又大约旅行了半个月才回到里约热内卢。达尔文住在面对波特伐哥湾的一个小房子里，在“贝格尔号”起航之前，达尔文一直在尽情地打猎、观察自然。

达尔文住的小镇是一个风景秀丽的地方。初冬时节，早晚的平均气温不过二十二摄氏度，偶尔下一场大雨，但是干燥的南风立刻就把湿气吹干了。

每到黄昏的时候，雨蛙、蝉、小虫就开始“唱歌”，达尔文时常坐在庭院里静静地聆听。冬天的时候，池边的大萤火虫闪着绿色的光芒在树间飞舞。

除了这些美景之外，巴西还有像叩头虫等很多种发光的昆虫，奇怪的是每一种昆虫都发出绿色的光芒。

不过，鞘翅类昆虫还是英国多，在这里只有很多小型的、色彩不明显的独角仙类。热带地区肉食性的动物比较多，独角仙类显得少的原因应该是它们被相近的蜘蛛类和膜翅类取代了。

但是达尔文却发现，里约热内卢这个地方吮吸植物的花虫类却很多。热带的森林最引人注意的是蚂蚁的活动，在一些被踏平的小路上，辛勤的工蚁群纵横地排成队伍忙于拖运比它们身体大好几倍的绿叶。

达尔文曾经在巴伊亚看过无数蚂蚁成群结队地在迁移，所过之处，很多蜘蛛、蜚蠊和其他的昆虫、蜥蜴等望之慌忙逃散。

在里约热内卢这附近经常有一种似蠮螉(一种腰细长的蜂，俗称“细腰蜂”)的蜂在阳台的角落，用黏土构筑幼虫的蜂房。蜂房里满是将死的蜘蛛和青虫，让达尔文感到惊讶的是，这种蜂竟然懂得将猎物予以麻醉而不杀死，贮藏直到幼虫卵孵化以便作为食物。

在这里，蜘蛛远远比任何昆虫数量都庞大，包括不会吐丝的蜘蛛在内，简直是数不胜数。这些蜘蛛，有的是肚皮长刺，有的是脚下长刺，有的则有剧毒，它们能吐出坚韧的丝，堵住森林中的道路，听说在西印度这种蜘蛛丝结成的网竟然能够捕鸟。

一路的所见所闻

7 月 5 日，达尔文他们从里约热内卢离开港口，经过二十余天的航行，到达了乌拉圭。

在这之后的两年，“贝格尔号”来往于大陆南端的海岸，达尔文他们进行测量工作。

当“贝格尔号”逗留在马尔多纳多一个偏僻的小镇的时候，达尔文和舰员们到一百千米之外的地方去做地质调查。第一天晚上，达尔文和他们住在一个非常偏僻的乡村。

达尔文和舰员们所带的东西，尤其是他们怀里的罗盘，让村民们觉得十分新奇。不管走到哪一家，当地人都非要看看达尔文的罗盘，把磁石跟地图一对照，什么地方在什么方向立刻可以判明，这让他们十分佩服。像达尔文这样人生地不熟的外地人，竟然知道怎么走自己从未走过的路，这怎么能不让他们感到吃惊呢？但是达尔文对那些豢养着数千头的家畜而且经营着大农场的地主竟然也无知到这种地步，也感到十分好奇。

很有可能是因为这些地方几乎没有外人来过，所以他们如此的闭塞。达尔文经常被问到诸如地球动不动、太阳动不动、西班牙在哪里这种再简单不过的问题。

这些人当中的大部分都不了解北美、英国、伦敦到底是怎样一个地方，他们觉得这些都是同一个地方，只是名字不一样而已。稍微有一点知识的人则说伦敦和北美是土壤相连接的两个国家，而且相信英格兰是伦敦中心的一个大都市。

达尔文身上还带着硫黄火柴，他只要一咬就能点火。这种用牙齿点火的本领更让他们感到十分惊奇，大家都聚集过来观看，请求达尔文以一根一块钱的价格卖给他们。

这期间曾经有一个很有地位的商人问达尔文为什么在脸上留胡子。后来达尔文从他那狐疑的眼神猜测，他一定以为达尔文是异教徒或是其他邪恶的人。

后来因为磁石、火柴、岩石调查，以及判断蛇类的有毒无毒等这些事让村民们大开眼界，使得达尔文获得了他们的信任，为之后的生活带来不少方便。

达尔文住宿在一家酒店的时候，看到很多一边喝酒一边吸烟的牧人。这些人让达尔文很感兴趣，他们大部分都身材魁梧、五官端正，而且有一种桀骜不驯的性情。有些人更是黑发直接垂到了后背，满脸的胡子，身穿鲜明的花衣服，腰佩短刀，拍着马刺发出“咔嚓咔嚓”的响声。

他们虽然很讲礼貌，但是如果动起粗来，毫不客气地就掐住对方的喉咙。

牧人的丢球，在很多书上都有提到，已经是家喻户晓了。至于圈套，那是用兽皮切成细条编成坚韧的绳子，绳子的一端系着铁圈或青铜圈，然后把绳子穿过去便成圈套。平时卷成小圈系在马鞍后面，丢的时候就卷成直径约两米的绳圈拿在执缰的手中，然后在头顶上旋转几下，瞄准目标准确地投过去。

不论是丢球还是丢圈套，最让人觉得不容易做的

就是一边骑着快马，一边在头上旋转球或圈套，纵使马匹突然改变方向也不会影响瞄准的功夫。如果不骑马，那谁都是可以立刻学会的。

南美洲这个地方，树木只能生长在潮湿的地方，这个是达尔文可以断言的。南美洲虽然是干燥的地带，但是这里的雨量和湿气比起郁郁葱葱的大洋洲还大得多。

在马尔多纳多，达尔文照例采集了很多鸟类、兽类、爬虫类的标本。达尔文和舰员们经常见到一种本地特有的鹿叫作格尔布斯。这种鹿在拉普拉塔河的沿岸与巴塔哥尼亚产的特别多，它们经常小群聚居，每当人类靠近它们的时候，它们不但不害怕，反而好奇地过来看看。

有一次，达尔文借着它们的习性一下子捉了同群的三头鹿。虽然这些鹿不怕他而且充满好奇地看着他，但是假如骑马接近它们的时候，它们就会马上警戒起来，也许是因为这里没有徒步的人，所以它们只把骑马投球的人当作敌人而已。

这种鹿的雄鹿，会放出一种很可怕的恶臭，厉害得简直无法形容，当达尔文剥制标本的时候，恶心得简直无法忍受。他那块包裹鹿皮的布，拿回去洗了再洗，一年之后打开，仍然臭味扑鼻。

在南美，啮齿类的动物也不少，最常见的是河猪，这是这类动物中最大的一种。达尔文在乌拉圭捉到过一头，体重四十四千克，体长从嘴巴到尾部有一米，身围也是一米。

在马尔多纳多，这种河猪性情非常温顺，就是走近几米，它们还是不感到害怕，这应该是因为这里没有它们的死敌——美洲虎。它们的皮肉没有什么用处，所以牧人从没有把它们当作狩猎的对象。

马尔多纳多附近起伏不平的草原有鸟类，种类很多。有一种近似英国白头翁的背黄鸟，经常停在牛马的背上。据说它们跟布谷鸟一样，把蛋下在别的鸟窝里。

南美洲有一种最奇特而且以歌声而自豪的鸟叫模仿鸟，它们长得有点像苇滨鸟，但是更加有力，它们的鸣声很嘹亮，唱起歌来能够让人陶醉。不过只有春天它们才是如此，其余的季节就变成嘶哑的声音。

只看到过北欧老鹰的人，在南美洲如果见到那种好吃腐肉、令人恶心的南美秃鹰会感到很新奇。这种鹰在南美洲是最普通的秃鹰，随处都可以见到。它们在沙漠只要见到有疲倦、饿死的动物，就立刻扑下去饱餐一顿，牧场或屠宰场也常见它们成群结队地聚集过来。这些秃鹰很惹人厌，它们经常偷鸟蛋吃，或者是一大群爬到马背上去啄伤口的疮疤。不过这种鹰绝不会攻击活鸟或其他兽类。

在巴塔哥尼亚寂寞的荒野中露宿的时候，达尔文早上睁开眼睛就可以发现从山坡下以充满恶意的眼神注视着这里的南美秃鹰。打猎的时候，总有几只这种鸟从早到晚死跟着，希望能被分享一点猎物。

等到它们吃完东西之后，那秃秃的嗉囊涨得满满的。这时候它们会变得迟钝，而且很好驯服，飞起来很沉重缓慢，好像英国深山里的乌鸦一样。

仇恨与种族之火

1833年7月24日,“贝格尔号”离开了马尔多纳多,8月3日在里约尼格罗河口下锚。

距离河口三十千米的一个狭小的开拓地,是南美洲东海岸文明人居住区的最南端,放眼尽是一片沙砾,偶尔见到的茂盛地带,却是一些可怕的荆棘。

在前往开拓地的路程当中,达尔文他们经过一处有相当规模的牧场,听说曾经遭到印第安人的袭击和破坏,有位目击者详细地把当时的情形告诉了达尔文。

牧场的人把牛、马全部赶到房屋附近的寨围里,架着好几门大炮御敌。但是从智利南部来的印第安人有好几百,而且都是受过训练的,他们到达山丘后,就分成两个纵队,一个个从马上跳下来,脱掉皮外套,裸着上身冲了过来。

里约尼格罗河

印第安人唯一的武器是尖锐的、饰着鸵鸟毛的长竹枪。目击者描述着当时印第安人挥舞着长枪冲过来的那种神情，至今还心有余悸。

当印第安人围困了寨围的时候，酋长高喊着：“不要放下手中的武器！通通杀光！”不用说，回应他的是短枪齐发的射击。

印第安人纷纷爬上寨围，但是寨围上钉有铁刺，用刀也很难砍断。这时副酋长已经负伤，因此不得不撤退，他们退回到山丘上商量对策。

这时候，牧场的这边只剩下两三发子弹，寨围也摇摇欲坠，想不到印第安人却跃上马背一起消失了踪影。

有一天，达尔文骑马到离村子二十四千米之外的盐湖去。这个湖冬天是个浅浅的咸水湖，到了夏天就干涸得变成一片白色的盐野。这一片白色在茶色的荒野中越发显得奇异。

盐野中竟然有很多蠕虫类的动物，还有以此作为食物的红鹤。达尔文想，这地球上简直没有生物不能生存的地方。

这里有很多骑马流浪的印第安人到处袭击孤立的牧场，因此布宜诺斯艾利斯的政府命罗查斯将军率军把守。

罗查斯将军到处打击印第安人，为了不使联络断绝，处处布置骑兵小部队。

当“贝格尔号”向里约尼格罗和布宜诺斯艾利斯之间的布兰卡（白湾）航行的时候，达尔文则借助于罗查斯将军所建筑的屯驻所，从陆路向白湾前进。

这时罗查斯将军正在里约尼格罗以北一百三十千米处的科罗拉多河畔。达尔文由一名叫哈利斯的英国人做向导，以及五名牧人带路。

到达科罗拉多之前的两天半，达尔文他们只碰到两处泉水，而且水很咸。满目荒野，到处是枯萎的矮草和低荆棘丛。

经过第一处泉水后，达尔文他们才发现在荒野之中，有一棵长满荆棘的树，它的根部直径约一米，树干分出很多短枝，孤傲地站立着。这就是印第安人所崇拜、用来当作祭坛的著名神木。

印第安人远远看到这棵神木，就会大声地唱着祈神歌，然后把酒和茶倒在树干的窟窿里，把烟叶绑在树枝上。到了冬天，树叶落了，但是树上吊着很多绑烟叶、肉、布条等供物的带子，而且遍地都是当作祭品的动物骸骨。

不管男女老幼，只要是印第安人都要向这神木奉上供品，祈祷着马匹永不疲倦，祈祷着发财。此外，由于这棵树的位置十分明显，印第安人靠它来辨别方位。

当逐渐接近科罗拉多河的时候，景物顿时大变，广袤的平原上到处是草木和高高的紫苜蓿。

罗查斯将军的营地就在河流的旁边,他的士兵几乎全是骑兵。那些黑人、印第安人和西班牙人的混血儿,看起来相貌比较粗犷,感觉就像是一群强盗。

罗查斯将军曾经过来看望达尔文。罗查斯将军是这个地方的名人,是拥有三百五十平方千米土地和三十万头家畜的大地主。他的军队以纪律严格而闻名,因为星期日喝酒、赌博、打架的人最多,所以他还规定禁止带刀,违反者就用手铐铐起来。

罗查斯将军也是一个很高明的骑士,他所选的士兵都是一些能够在没有鞍、没有缰绳的情况下制伏裸马,并且将马骑回寨围的勇士。

当然,这种功夫罗查斯将军也是具备的。他穿着跟牧人一样的服装,又兼具这种功夫,所以才能够博得众望,成为当地的领袖。

当达尔文越过平原的时候,看到了一望无际的咸水沼泽,他曾经几次换马,满身污泥,才好不容易到达白湾。那个地方只有几间小营房、深池高墙所围成的所谓开拓地。

布宜诺斯艾利斯政府的土地不是向印第安人买来的，而是用武力占领的，因此城墙之外不能盖房子、不能耕作，也没法饲养家畜。

“贝格尔号”预定停泊的港口在村子以外四十千米的地方，达尔文找到了向导和马，查看船到了没有。在去往港口的路程当中，他的向导谈起两个月之前几乎送命的故事。

有一天向导跟两个朋友到不远的地方打猎，突然间碰到一伙印第安人。印第安人立刻追了过来，杀死了他的一个朋友，他自己的马也被丢球缠住了，他连忙跳下马把绳子割断。这时印第安人已经赶到，有两支枪差一点射到他，他跃身上马，向前飞奔，印第安人穷追不舍，一直追到看得见城墙的地方才放弃。

从此之后，城里人就不敢轻易离城外出了，向导至今还心有余悸。只要有一点异样的声音，他就立刻把耳朵竖起来。

“贝格尔号”还在路程当中，回程的时候达尔文和舰员们几乎有一天一夜的时间没水喝，实在苦不堪言。这地区的地表都被盐所覆盖，就是水塘的水也不能喝,但是向导却显得无所谓。

在滞留白湾等待“贝格尔号”的日子里,达尔文接连听到罗查斯将军的军队把印第安人打得落花流水的种种故事。

这些故事听来让人觉得毛骨悚然。有时印第安部落在迁徙的时候受到军队的袭击,他们为此十分恐惧,甚至抛妻弃子而逃,但是一旦被追到,就会像野兽一样的凶猛,拼命地抵抗。

有一个被捉到的印第安人将士兵的手指咬住,直到他的眼睛被挖出来还没有松口。还有的印第安人被逮到之后就负伤装死,暗藏刀子,伺机杀死士兵。

曾经有一个男人向达尔文叙述,一个一边喊着饶命一边暗中从腰里掏丢球反抗的印第安人的故事。这听起来让达尔文觉得很恐怖,但是还有更恐怖的,这个部落不仅所有男人被杀光,连二十岁以上的女人也全部被惨杀。达尔文抗议说,这太不人道了,这个男人却回答说:“我们没有办法,因为这些印第安女人会生小孩!”

因为当时的印第安处于原始社会阶段,所以在这个国度里，任何人都认为这种战争是正义之战。达尔文想，这也许是在所谓基督教文明的国度所不敢相信的事吧！

罗查斯将军的计划可能是把所有反抗的印第安人全部消灭，这样下去，五十年之后可能连一个印第安人也没有了。

这种互相残杀的行为不能再让它继续下去了。因为达尔文深深记得印第安人被西班牙侵入者所征服的这段历史，这已经是让人黯然神伤的故事了。

布宜诺斯艾利斯刚建立的时候，到处是两三千土著居住的印第安部落。但是达尔文他们到达的时候，所有部落都被消灭了！那些劫后余生的印第安人被赶到无垠的草原苟且偷生。

达尔文去打听“贝格尔号”是否到达的时候，曾经在海岸的沙砾层中采集到了古代陆栖动物的骨骸，头部很像古生物大懒兽，其他部分有象那么大，但是牙齿却跟小型的啮齿类动物相似。从它们眼、耳、鼻孔的位置判断，达尔文想应该是一种水栖动物。像这种巨大的动物化石，在海岸约两百米范围内到处可以发现，这表明栖息于此处的古代动物的种类和数量非常多。

达尔文现在已经可以从化石来判断动物的习性。

首先,因为牙齿的构造简单,它们的食物一定是植物——树叶和细枝。其次,粗大的尾巴、笨重的身躯和弯曲的大爪,不便于在地上移动,可能是用来支撑身体,靠前足去抓树枝或挖小树的根。

这种巨兽有长颈鹿一样长且伸缩自如的舌头,想必是伸长脖子用舌头卷食高树上的叶子吧。

在这样的不毛之地竟然能够生存如此庞大的动物,实在是让人无法相信。由于发掘出化石的地层海拔并不高,这里过去不可能是茂密的森林。想想在这几乎没有树木的南美洲原野竟能生存数量繁多的大型草食动物,实在是不可思议!

在白湾,达尔文见到的最常见也是最有趣的鸟类莫过于南美洲的鸵鸟。

普通的鸵鸟是吃草的,但是这里的鸵鸟却是在退潮的泥滩上抓小鱼吃。它们胆子很小,跑得也非常快,如果它们被牧人包围,就会立刻惊慌不已,很容易就可以抓住它们。

美洲鸵

通常它们喜欢逆风猛跑，像张开帆的船一样张开翅膀。它们水性很好，可以从一个岛游到另一个岛，它们游水的时候身体沉到水中，头向前伸，悠然前进。

这种鸵鸟，雄的比雌的大一点，羽色带黑，声音低沉、不响亮。雌的在9至10月份之间产卵，在浅低的洼地筑巢，一巢中有二十到四十个蛋，奇怪的是孵蛋工作却由雄性鸵鸟担任。

布宜诺斯艾利斯有一种珍奇的哺乳动物叫臭鼬，它们长得又大又肥，而且自恃有防身的武器，所以既不怕人也不怕狗。如果人们放狗去咬它们，它们只要从屁股射出两三滴臭气冲天的脂肪，狂吠的狗立刻就会四肢无力、鼻孔流脓。万一被它们的脂肪射到身上，那就无药可救了。

在爬虫类中，达尔文见到过一种会摇着尾巴发出声音，类似响尾蛇的蛇。从毒牙上毒液孔的大小来看，它们一定是含有剧毒，头呈三角形，看起来很吓人。

有一种蟾蜍，背部黑色，腹与股部红色。这种好像恶魔般的蟾蜍，在旱无滴水的沙丘中爬行，如果把它们放到水里，它们简直像要溺死似的。

特别有趣的是，这里的昆虫有“冬眠”的习惯，刚好跟寒带地方的动物冬眠一样。干旱的季节到来，它们就都躲到地下蛰伏不动。达尔文到白湾的时候是9月，在这里是冬末，从地底挖出的蜘蛛和蜥蜴都是呈半麻痹状态地睡眠着。

穿越美丽的城市

当“贝格尔号”抵达白湾一个星期之后，就向拉普拉塔河航行。达尔文得到费茨·罗伊舰长的同意，决定再度经由陆路向布宜诺斯艾利斯前进。

1833年9月4日，达尔文只带着一个牧人一起向离此约六百四十千米的布宜诺斯艾利斯出发。穿过一片没有草丛、没有树木，只有广漠的石灰岩的荒野之后，他们抵达了原来的屯驻所，于是马上到从白湾可以看得见的蓬塔阿尔塔山去做调查。

根据屯驻所的人说，这个岩山原来是印第安人的根据地，经常发生战争。

达尔文和随从的牧人在第三站屯驻所等待罗查斯将军派往布宜诺斯艾利斯的士兵。达尔文从来没有见过生活得这么凄苦的人。

屯驻所的士兵用蓟草盖房子，这几乎都不能遮风避雨。食物除了鸵鸟、鹿，或者犰狳之外，再没有别的了。他们的燃料就是枯草。据说下一站屯驻所的五名士兵被印第安人全部杀光。

正好有一队士兵要到下一站屯驻所，达尔文于是决定不等罗查斯将军的部下来，就跟着他们一起出发了。行进的路上经过曾受到印第安人攻击的屯驻所旁边，听说那里的守备队队长全身被刺了十八刀。

到了第五个屯驻所，由于这个地方最易受到印第安人攻击，因此派了二十一名士兵守卫。

屯驻所在湖畔，那里有一种黑天鹅和一种白天鹅，它们有着长长的脚，好像踩高跷一样。这种鸟晚上追逐猎物时，会发出好像一群小狗的叫声，这让达尔文吓了一跳。

还有一种不断发出沙哑声音的鸟，当人们打猎时，它们会向其他的动物发出警告。

在第七站屯驻所，达尔文听到了让人不敢相信的事。据说前天晚上曾经下冰雹，每个冰雹都有小苹果那么大，很多动物都因此丧生。他们曾找到十三头鹿，达尔文亲眼看到那些刚剥下的鹿皮。

当达尔文到达第八站屯驻所之后，他们又找到七头鹿和十五只鸵鸟，听说有的动物被砸瞎一只眼睛，到处乱跑，小马也被砸死了好几头。达尔文找到一只被砸死的鹌鹑，脖子上黑了一块。

往第九站屯驻所的途中，散布着很多灶样的小房子，住着归顺罗查斯将军的印第安人。

小房子周围的蓟草篱笆，大部分被砸坏了。叙述这件事的男人，当时为了探头去看看冰雹，被砸破了头而受了伤，现在仍包着绷带。

有一间西班牙人开的小店，达尔文在这里可以买到久违的饼干。几天以来达尔文只能吃肉，开始有些不习惯，然而他却看到牧人好几个月都只靠牛肉度日，并且两三天不吃不喝也无所谓。

到了第十二站屯驻所，才看到有牛和白种女人的牧场。随着渐渐靠近布宜诺斯艾利斯，四周的平原、矮草、紫苜蓿、蓟草等越来越茂密。有一个人说，这种变化是饲养家畜造成的。

自从1535年最初的移民仅带着七十二匹马在拉普拉塔登陆以来，这个地方发生了如此巨大的变化。瓜那哥（骆马原种，原产于南美）和鸵鸟被马和绵羊群所取代，野生的猪取代美洲原产的野猪，野狗群的吠声越来越远，牛、马的粪便肥了无垠的不毛之地，使其变成一片绿色的牧场。

经过十二天艰苦的旅程，达尔文他们终于到达了布宜诺斯艾利斯。

这个地方风景很不错。郊外被龙舌兰的篱笆及一排一排的橄榄树、桃树、柳树等装饰得很美，整个市镇被青翠的绿色所包围。

布宜诺斯艾利斯这个市镇特别大，说它是世界上最整齐的市镇一点也不为过。所有街道都呈直角交叉，道路与道路的间隔完全相等，住屋被安置在这四方形的区域里。

建筑物都是四合院，包围着一个中庭。一般都是平房，屋顶平坦，上面放着椅子，以便夏天乘凉。

市镇中央有广场，以及衙门和城堡、教堂等。居民以牛肉为主食，屠宰场旁建有大牛栏，这是市区里最值得一看的地方。

抵达布宜诺斯艾利斯一个星期以后，达尔文出发到巴拉那上游的圣达菲去做地质调查，穿过紫苜蓿和蓟草长得非常茂盛的平原。蓟草在这个季节可以长得很高，往往会使人迷路，听说强盗经常在这里出没。达尔文和随从看到一户人家，达尔文向主人询问强盗会不会出来，主人回答说："蓟草还没有完全长好，不会的。"

在这个广袤的平原当中，只有一种名叫比斯卡佳、体型很像兔子的小动物和小型的猫头鹰，所以这一路的旅途十分寂寞。

比斯卡佳到黄昏就成群地出现，静静地蹲在巢穴的入口处。它们似乎一点也不怕生，就是人们骑马经过它们的旁边，它们都会若无其事地看着。

听说比斯卡佳有一个奇怪的习惯，喜欢搜集硬的东西放在巢穴的入口，诸如牛骨、石块、蓟茎、硬土块、干粪等，毫无章法地堆在洞穴旁边，有时候可以装满一辆手推车。

达尔文知道一个跟比斯卡佳习惯很相像的例子，

那是大洋洲的一种鸟，它们用小枝做成有圆屋顶的细长游戏场所，在那里堆积很多色彩鲜艳的贝壳、骨骼、羽毛等。人们如果丢了什么硬的东西就到那里去找，保证可以找得到。

途中达尔文在巴拉那河岸采集到了乳齿象的牙齿断片。达尔文还在圣达菲附近看到印第安人的尸体吊在树上，他们的皮肤干瘪，紧贴着骨头。

在圣达菲，达尔文因为头痛，在床上躺了两天，有位亲切的老太太照顾着达尔文。她用很多奇怪的治疗方法为达尔文诊治，最常用的是把橘树叶或黑色膏药贴在两边鬓角上；或者是将分为两半的豆子泡湿，然后放在鬓角上。豆子和膏药不用拿下来，让它们自动掉落。这种治疗方法虽然让人觉得很奇怪，但因为她是一番好意，这让达尔文难以拒绝。

达尔文还听说一种更奇怪的"治疗"方法，就是当人骨折的时候，就杀两只小狗，剖开肚子，把它们贴在骨折的部位。不过，这还算是比较好的，听说还有用没有毛的小狗，让它睡在病人脚跟旁的古怪"疗法"。

在达尔文看来，圣达菲是个整洁的小镇，街道整齐，秩序很好。镇长罗培斯任职已经有十七年之久。这样的国度，独裁制也许比共和制更为适当。

达尔文头痛痊愈之后，就在圣达菲休息了五天，并且调查附近地质，收获很可观，且非常有趣。

在那里一个山崖的下部，有一地层埋有鲨鱼牙齿和绝种的贝壳，到上层就变成泥灰岩，然后是石灰质的凝固物和含有陆上动物的骨骼的红色黏土。

这个断面表示古代的咸水湾受到河沙的侵蚀，逐渐变成深深的泥层，从河流漂来的骨骼就冲积到里面。

达尔文在这里的地层内发现了类似犰狳的巨大动物的鳞甲化石，把里面的泥巴取出来，它们就变成一个大窟窿。另外还发现几颗乳齿象的牙齿，以及一颗马齿，尤其那颗马齿最令他感兴趣。达尔文仔细观察，确认它们跟其他的化石是同一时期的。

这样看来，南美洲除了后来西班牙移民引进的马之外，一定还有原产的马。南美洲曾经有马、乳齿象和有角的反刍类的存在，在动物的地理分布上是一个非常有趣的事实。

如果将美洲大陆分成两半，不以巴拿马海峡为分界，而以墨西哥南部为分界的话，则南北美的动物分布显示出极为明显的特色。

这就是说，南美洲有很多独特的骆马、袋鼠、猴类，河猪、树懒、犰狳、食蚁兽等贫齿类为其特征。至于北美洲则有很多独特的啮齿类，有反刍类的牛、绵羊、山羊、羚羊等为其特征。

在广大的南美洲，中空角的动物竟连一种都没有。

恐怕是由于现代墨西哥高原隆起，所以南北美才有这样显著的特征。这个高原不只是妨碍了动物的迁徙，而且带来了气候的变化。达尔文想，那些不能适应新气候的动物就因此逐渐灭亡了。

达尔文认为，西印度群岛的哺乳类与南美的相似，可以推断出西印度群岛当初是跟南美大陆相连，后来才沉入海中的。

袋鼠

当美洲，尤其是北美的象、乳齿象、马、中空角的反刍类还存在的时候，美洲、欧洲以及亚洲的温带地区所有的动物都是非常相似的。

那些动物的化石存在于白令海峡的两边和西伯利亚平原，不正显示了北美西北部和欧亚大陆曾经是连在一起的吗？

达尔文认为,象、乳齿象、马和中空角的反刍类这些动物是从西伯利亚移居到北美的,然后经由当时还没有沉入水中的西印度大陆而到达南美,最后才逐渐灭绝。

旅行途中,达尔文经常听到有关传说中能够引起旱灾的怪物旱魃的故事。

由于病已痊愈,所以达尔文决定带着行囊,乘坐单帆船顺着巴拉那河而下,回到布宜诺斯艾利斯。

途中达尔文登上一个小岛,这个地方树木苍郁,听说有美洲虎。就在两三年前,曾经有美洲虎潜入圣达菲教堂,咬死了两个神父,据说它们攻击牛、马的时候,都是先把脖子咬断。

出去打猎的时候,达尔文曾见到美洲虎在石上磨爪的痕迹。正面应该是胸部磨的,所以显得很光滑,两侧有很深的爪痕,和猫抓椅子脚的痕迹一样。捕杀美洲虎并不是一件难事,其实只要让狗朝它们叫唤,等到它们逃到树上,就可以轻易地把它们击毙。

达尔文还见到一种鸟,它们十分奇妙,脚短有蹼,两翼翘起，身体只有燕鸥的一半大，喙就像白鹭或野鸭的嘴那样扁平，不但像裁纸的象牙刀那样扁，而且具有弹性，下颚要比上颚长四厘米。

这些鸟通常都是小群的在水面上迅速地游来游去，它们的嘴巴又大又宽，下颚一半泡在水里，看起来就像在水面上耕田一样。它们巧妙地用嘴抓小鱼，紧紧地衔在口中，在那波平如镜的水面上划出一条条细长的水纹，看上去是非常有趣的画面。

达尔文还看到一种小型的翡翠鸟，尾巴比欧洲的翡翠鸟要长一点，发出像摩擦小石子般低沉的声音。

布宜诺斯艾利斯虽然已经出现在眼前，但是由于当地发生了革命，达尔文他们不得不将行程停下来。那些日子形势十分混乱，当地政府在九个月之内竟然改组十五次之多。

奇特的景观

当达尔文他们乘着货船通过混乱的布宜诺斯艾利斯之后,便到达“贝格尔号”停泊的乌拉圭。

“贝格尔号”没有打算起航,达尔文趁此机会再次旅行。

达尔文在旅行途中借宿的牧场,规模都十分庞大。其中有一个牧场虽然拥有牛三千头、牝马八百匹、绵羊六百只,另外养了一百五十匹训练良好的马,但是仍旧很宽敞。

达尔文后来知道这个地方叫圣菲巴雅达。达尔文曾经有好几次见到珍奇的牛种,这种牛跟其他种牛的区别十分明显。它们的额头很低,向横的方向发展,鼻子往上翘,上唇下陷,下颚比上颚突出、向上卷曲,牙齿永远暴露在外,而且眼球突出,颈很短,总是低着头走路，后腿比其他牛种要长，双肩耸起，它们走起路来大模大样的神情看起来让人觉得很好笑。

如果想把普通的狗训练成牧羊犬，必须在它们出生的时候就把它们和母狗分离，让它们跟绵羊生活在一起，喝羊奶，跟羊一起睡觉，然后阉割掉，这样它们才不会离开羊群，就会像其他的狗保护人一样保护羊群。

假如有陌生的动物或人接近羊群，牧羊犬马上就会狂吠，而羊群也会乖乖地跟着牧羊犬走。

牧羊犬每天都要回主人家领肉吃，家犬都会对它们狂吠，牧羊犬总是乖乖地退让。但是只要回到了羊群，当家犬接近的时候，牧羊犬就立刻反过来把家犬赶走，因此只要有牧羊犬保护羊群，饥饿的野狗就不敢接近了。

达尔文发现，不管是野狗或经过训练的狗，对于照顾羊群的同类，想必都有几分的敬畏。但是如果一群野狗被一条牧羊犬追得到处乱跑，那就实在说不通了。

后来达尔文听人说，有一个牧场，牧人正在训练年轻的马,首先把野生的小马赶进栅栏,牧人从乱窜乱跳的马群中选择成长良好的小马,用圈套绊倒,把腿绑起来,在口中安上衔勒;然后,把小马的前腿绑起来而松开后腿,让它们站起来;最后,牧人叫同伴把它们的头按住,装上马鞍、马布、缰绳等。这时候,小马在地上乱滚、挣扎,当马鞍装上以后,它们拼命地耸翻背部,发出嘶鸣,弄得满身汗水,口吐白沫。

牧人跨上马背,同时解开前腿的绳子,嘶鸣的马跳了几下,向前飞奔。牧人则以逸待劳,一定要等到它们筋疲力尽的时候,才把它们带回栅栏。

达尔文这次旅行回来之后,12月6日,"贝格尔号"离开拉普拉塔向巴塔哥尼亚沿岸的圣佩德罗港前进。

在这途中,在距离陆地十六千米的一个地方,船被一群数以万计的蝴蝶所包围。达尔文用望远镜眺望,竟然找不出一块没有蝴蝶飞舞的空间,舰员们见到这种奇特的现象,纷纷大喊,他们感觉蝴蝶就像雪花一样地飞舞。

那一天是风平浪静的晴天,仅仅感觉到微风拂面,所以不能确定这些蝴蝶是被风吹来的,而且还有蛾、青虫等夹杂其中，似乎又不像是成群移动。

达尔文发现，有一种螃蟹，后脚有三只长刚毛，爪尖有章鱼吸盘一样的东西。再远一点的海面上，小生物的数量很少，取而代之的是海燕、信天翁、鲸鱼、膃肭兽（海狗）等海洋生物。

大西洋中心以及热带地区的海上，有翼足类、甲壳类，以及吃这些动物的鲣鱼等群栖着。

"贝格尔号"航行了两个星期之后，终于抵达了圣佩德罗港，在原来的西班牙开拓地的遗迹上下锚。

巴塔哥尼亚的动物和植物的种类都十分有限。在地上爬的多是黑色的独角仙和动作敏捷的蜥蜴；至于鸟类，只有吃腐肉的秃鹰、金翅雀、鹭等。

巴塔哥尼亚的平原最独特的物种是骆马，这种栗色的骆马，很像东方的骆驼，这是南美洲特有的物种。它们有长长的颈、细细的腿，样子看着很帅。

骆马大都是六到三十头群聚着，有时候也聚集五十头左右。它们通常都很怕人，是一种胆小的动物，只要远远地看见人影，就发出尖锐的叫声，很快便逃得没了踪影。

但是奇怪得很，如果无意间跟它们碰个正着，它们会站着一动不动呆呆地看着你，然后移动一两米，再回过头看。这种转变，可能是它们从远方把人误认为是美洲狮的原因，或者它们的好奇心超过了胆怯。

有些骆马在人们接近它们的时候不但会发出嘶鸣，而且还摆出一副想要跟人打架的样子跳来跳去。饲养的骆马同样也有这种情形，它们有时会从后面踢人的腘窝。

雄骆马经常打架，一边吱吱叫一边互咬。这个时候，它们不会像绵羊一样看到马追来就慌张逃窜，因此很容易把它们包围起来。骆马也不怕水，可以从一个岛游到另一个岛。有人说，这种动物喝咸水照样可以生存。骆马有一种古怪的习性，它们每天要在同一个地方大便，达尔文曾经看到直径将近三米的粪堆，这对于以这种粪便作为燃料的秘鲁印第安人来说，倒是很方便了。

甚至这种动物连死亡的地方都定好了，达尔文曾看到河岸大树下堆满了白骨，这些白骨没有被咬碎的痕迹，应该不是野兽吃剩的骨头。

怪异的火地人

以麦哲伦海峡为界，在南美洲的尖端有个地方叫火地岛。1832 年 12 月 17 日，“贝格尔号”到达火地岛。当达尔文他们进港时，受到当地居民很有礼貌的欢迎。

第二天的清晨，舰长派一队人去跟火地岛的土著人交涉，岸边站着四个人，其中一人站出来，用亲切的声音向他们指引着船应停泊的地方。

当达尔文他们靠岸的时候，看到土著人们一面高声嚷叫，一面用手势指引着，这种场面确实有趣。

首先站出来的那位老人很可能是族长，他的后面站着三个身高一米八左右的魁梧青年，女人和小孩站在更远的地方。他们的衣服是骆马皮做的，毛向外，只是披在肩上而已。

他们的皮肤是赤铜色的，老人头戴白羽做的缠头，脸上涂了两条粗粗的线条：一条是红色的，经过嘴唇到两耳；另一条是像粉笔一样的白色，一直涂到眼皮。另外两个人用黑炭在脸上涂了黑线。

刚开始他们满脸狐疑，神情慌张，十分警戒，直到达尔文他们把红布递给他们，他们马上围到脖子上，立即对达尔文他们显得亲切起来。

老人拍着达尔文的胸膛，像呼唤小鸡来吃东西一样不断地啧啧弹舌，先在达尔文的胸膛上拍了三下，然后在背部又拍了三下。老人也示意要达尔文去拍他的胸膛，他掀开自己的衣服，达尔文照样拍了三下，而这让老人非常高兴。

这些土著人善于模仿，达尔文他们要是咳嗽一下、打个哈欠，或者做些看起来奇怪的动作，他们就立刻模仿。有一个水兵闭起一只眼睛，使个斜眼，年轻的土著人立刻做出更加怪异的鬼脸。

达尔文他们所用的单字，他们可以一个一个完全地重复，并且时间不长就记住了。欧洲人在这方面就远不及这些土著人，比如说，能够连续说出一个美洲印第安语单字的人几乎是没有，但是这些土著人却偏偏具有这种优秀的模仿能力。

有一个水兵不经意地唱起歌来，竟把这些人吓了一跳，差点摔倒。达尔文他们跳起舞时也把这些人吓了一跳，但是有一个土著人接受了邀请，马上能舞起华尔兹。

达尔文本以为他们什么都不知道，但是他们竟然知道枪。他们很怕这个东西，碰都不敢碰一下，相反地，土著人们很喜欢刀子。

其实，“贝格尔号”有火地岛的舰员。上次航海的时候，费茨·罗伊舰长带他们回欧洲，让他们接受教育，这三人的名字是约克·明斯达、琴米·巴顿、菲奇雅·巴斯凯特。把这些土著人送回故乡是此次航海的主要目的之一。

约克·明斯达矮壮、肌肉结实、性情内向，很少说话，但是脾气暴躁，发起怒来非常凶暴。他跟船上的几个朋友非常亲密，头脑很灵活。

琴米·巴顿人缘最好，缺点也是脾气暴躁。他性格爽朗、笑口常开，如果别人有困难，他都十分关心和同情。

每当起了风浪的时候,达尔文就会晕船,琴米·巴顿总是以同情的口吻对他说:“好可怜啊! 好可怜!”琴米·巴顿深爱着自己的故乡,他喜欢赞美自己的部族和土地,他常说自己的故乡有很多树木,他经常批评别的部族,而且坚持说自己的部族里没有一个坏人。他本来长得矮矮胖胖,却自以为是美男子,经常戴着手套,头发梳得整整齐齐,皮鞋擦得光可照人,老是拿着一面小镜子照来照去。

达尔文心想,既然琴米·巴顿具有如此优秀的素质,而且这个岛上的人跟这个小伙子属于同一种族,那么他们一定也有相同的素质。

还有一个名叫菲奇雅·巴斯凯特的,她是个可爱而又害羞的女孩子,长得很讨人喜欢,但有时也会闹别扭,她的理解能力很强,尤其语言学得最快。

他们三个人的英语说得很棒,什么话都听得懂,但是当被问起他们家乡的习惯时却一无所知。可能是因为当时他们还小,还没有判断能力吧。

在刚上岸的时候,土著人们立刻认出琴米·巴顿，劝他留在自己的故乡。但是琴米有点鄙视他们，似乎为自己身为土著人而感到羞耻。感到羞耻也是可以理解的，当他们看到那些军官虽然留着胡子，但每个人都长得很漂亮，水兵们也都是高大魁梧，而自己的族人却像孩子那么矮小，他们刚开始是敬畏，后来就变成自卑了。

火地岛多山，海拔五百米左右，被茂密的森林所覆盖，再上去是高山植物茂盛的泥炭地带。每一座山顶都覆盖着常年不融的雪，地面则是沼泽般的泥炭，森林里全是腐朽的枯枝，根本没办法通过。

数日后“贝格尔号”起锚，绕过合恩角。这时候，浪花翻滚，遮天蔽日，遥望海岸可以看到用树枝搭成、干草覆盖的火地人小屋，但到了西海岸就变成由海豹皮覆盖的了。

火地岛的部族，既没有政府也没有国王，各个部落间由荒无人烟的地方隔着，操着不同的语言，互相攻伐，互相屠杀。

这个地方没有草木，没有茂密的森林，而且经常起雾，暴风呼啸。在这块土地上，如果想活下去就必须在那满是沙石的海岸到处找寻食物。

他们的采贝技术和制造独木舟的方法，自古以来没有一点改变。但是他们自有他们的快乐，也许并不觉得自己的生活有多悲惨，他们传承古时的习惯，在这艰苦的地理环境下力求生存。

"贝格尔号"乘风破浪，载着疲惫不堪的舰员，终于抵达了葛里罗丝。在这里，达尔文他们分乘四艘小船，穿越了贝格尔海峡，准备把三个火地人送回故乡。贝格尔海峡是费茨·罗伊舰长所发现的，长约两百千米，宽约三千米。

在达尔文他们出发的第二天，土著人出现了。他们对于这四艘小船感到非常惊讶，可能已经到处通风报信，所以每一个岬角都生起了火。达尔文可以看到岸边到处有人在奔跑。

突然，山崖上出现了四五个赤身露体、长发披肩、手拿木棍的男人，他们都是一蹦一跳地挥手，发出令人毛骨悚然的嘶喊声。

到了吃饭的时间，达尔文他们就在土著人的包围下登岸。刚开始这些人都全神警戒，在达尔文他们接近之前，手中一直拿着投石器。当达尔文他们把红布系在土著人的颈上，递送了礼物之后，他们马上变得亲切起来。

这些土著人一直都不断地嚷着：“杨梅尔舒纳！”意思是“给我东西”。他们看到什么就要什么，甚至连对达尔文衣服上的扣子都很感兴趣，他们不停地指着女人和小孩，意思是说：“要是不给我，就给他们吧！”

当天晚上，达尔文他们就在土著人部落附近扎营，眼看土著人越聚越多，似乎有攻击达尔文他们的企图，让人感到害怕，但是这些土著人根本不知道枪弹的厉害。

两天之后，达尔文他们到达琴米的部族聚居的河口处。原本想着把约克·明斯达和菲奇雅·巴斯凯特送回西海岸的故乡，但达尔文他们还是在这里留了下来，为他们建了三幢大房子，开垦了两块土地，而且播了种子。

这时候，土著人好奇地聚集过来，琴米的母亲和兄弟也来了。奇怪的是，这次家人的重聚，比起两匹马在野外相逢还要冷淡，没有兴奋地拥抱，只是短暂地互相注视了一下，母亲就去看自己的独木舟了。

但是达尔文听说琴米的母亲当初跟琴米离别的时候是哀伤的，她不知道自己的儿子会被带到哪里去，曾经到处去寻找。

女人们则围在菲奇雅的旁边，亲切地帮她做事。

琴米对于自己家乡的语言已经忘得差不多了，而且他的英语能力也不是很好，如果说他是世界上最不会说话的人也不为过。琴米对土著人起先是用英语说话，后来改用西班牙语问道："懂了吧？"这种场合与其说是可笑，还不如说是可怜。

为了建房子、耕田，达尔文他们在那个地方住了很多天。当地的女人都很喜欢劳动，男人却终日无所事事，看着达尔文他们忙忙碌碌却袖手旁观、无动于衷。但是他们看到什么就要什么，如果不留神的话东西很快就会被偷走。他们喜欢听歌、看跳舞，达尔文他们在河里洗澡竟然也使他们感兴趣。

后来，费茨·罗伊舰长把两艘小船送回了"贝格尔号"，而把另外两艘派到贝格尔海峡西部去测量鲸鱼的活动和冰河。

为了查看琴米的生活状况，达尔文他们又回到原来的地方。据那位跟琴米一起留下的传教士说，小船走了以后发生过抢劫，土著人成群地把约克和琴米的很多东西抢走，而传教士的东西，除了埋在地下的通通被抢光了。

第二年“贝格尔号”再度经过这里，有一艘独木舟升着小旗慢慢地驶近。其中一个人脸上没有涂上颜料，他不是别人，正是之前的琴米。再次见到他，感觉他瘦了很多，闪烁着土著人的眼光，散发垂肩。当时他穿的只是一片围在腰际的破布，羞赧地把脸转过去，直到接近以后达尔文才知道他是琴米。前年分别的时候他很肥胖，而且很干净，服装也很整齐，没想到一年以后竟判若两人。

达尔文他们拿出一套衣服让琴米换上。他跟费茨舰长一起吃饭时，完全没有忘记之前的礼节，他说这里食物充足，也不冷，家人也都很好，他不想再回英国。

等到天快黑的时候，琴米可爱的妻子来接他，达尔文这才明白琴米为什么要说刚才那些话。

琴米还是一如往昔的慷慨，他送给舰上两位密友每人一件漂亮的水獭皮，又把自己制作的矛头和箭送给舰长作为纪念。他现在已经会说一些家乡话了，令人吃惊的是，可能是他教过族人说英语，有一个老人竟然用英语告诉达尔文他们：“这是琴米的妻子。”

琴米说他现在已经十分贫乏了，因为几个月之前约克乘坐一艘大独木舟带着菲奇雅回故乡，邀请琴米和他母亲同行，但在途中约克偷走他的全部财产，把他们母子两人丢在半路。

琴米黄昏的时候回到了岸上，第二天早上又来了，一直到船快起锚，在独木舟上的妻子担心地大声哭叫的时候，他才和达尔文他们依依不舍地分别。达尔文他们都在心里为他祝福。

琴米回到岸上之后，立刻生火做信号，白烟冉冉上升代表无限惜别之意，船缓缓地向海的那一方开去。

达尔文由风土和植物推测出了火地岛的生物非常稀少。哺乳类只有鲸鱼、海豹、蝙蝠、鼠、狐、狸等。爬虫类几乎没有，青虫也很少。

跟陆地比起来，海上的生物就显得十分丰富。特别是一种大藻，茎圆形、光滑而有弹性，直径不超过两厘米半，在岩石上到处生长，从很深的海底一直到海面都有，费茨·罗伊舰长曾经在很深的海底发现过这种藻类。它们并不从岩石生根，而是直接垂直地生长出来，长度可以达到一百米，简直难以想象。这种海藻密集生长的地方，就是最好的天然防波堤。汹涌的波涛经过这种藻类密集生长的地方的时候，就突然变得平稳起来，实在是自然界的奇观。

达尔文总结，栖息在海藻中间的动物，要详细列举出来的话，可以写成一部书，这包括了无数的贝类、小鱼、章鱼、螃蟹、海星等。

达尔文还发现，在陆地上，能够跟这个巨大的海洋中的海藻群相比拟的，应该只有热带的丛林了。不管是其他什么丛林，从没有像海藻群这样能够养活这么多的生物的。

如果没有这些海藻，那么很多鱼类就将灭绝。间接地，那些鸬鹚、海豹、水獭等生物也将无法生存。到最后，连那些贫苦的国度里，火地岛的土著人也都会因为没有食物而互相残杀，人口锐减，直到灭种。

游历智利

“贝格尔号”再次回到东海岸，达尔文他们沿着圣卡尔洛斯港而上，遥望安第斯山连绵起伏的山脉，还曾经见到翅膀大约两米半的秃鹰。

在东福克兰岛上，达尔文他们见识到很多珍奇的动物：有从睡着的人的枕下偷肉的狐、拦住去路迎面冲过来的企鹅，以及因拍着小翅膀划水而有“汽船”诨名的笨鸭。

1834年5月末，“贝格尔号”再次进入麦哲伦海峡，再经另一个海峡，沿那花岗岩和绿岩连绵的西海岸北上，两个月后在智利的港口——瓦尔帕莱索——下锚。

智利是夹在安第斯山脉和太平洋间显得形状细长的国家。在这狭窄的地方有几个山脉贯穿其间，形成平原和盆地。可能在遥远的古代，这个地方也像火

东福克兰岛上的企鹅

地群岛一样，有很多的岛屿聚集在一起。此地的浓雾经常会覆盖着平原，从上面看下去，露出一个个的山头。

智利的平原，自然地向海的方向倾斜，而且灌溉方便，土壤还很肥沃，很适合小麦和玉米的生长，牧场里也有无数半野生的牛。

达尔文雇了向导，爬上海拔两千米的高山，山顶覆盖的绿岩多半呈碎片状，想必是地震的缘故。据说智利非常盛行掘金矿，这个山到处是金矿坑。

智利有一个叫瓜索的种族，他们相当于阿根廷彭巴地方的牧人，但是彼此的性质却大不相同。智利的文化较进步，居民没有什么个性，阶级的划分十分明显。比如说，达尔文的向导就不愿跟达尔文一起进餐。

阿根廷的牧人即使杀了人，也还是绅士，瓜索人即便是有很特殊的优点，也永远只是最下贱的平民；阿根廷的牧人假如没有马就不愿意做事，瓜索人却甘愿当个小佃农；阿根廷的牧人可以吃肉，瓜索人只能吃谷物和蔬菜。

在智利，达尔文见不到彭巴地方的白长靴，也没有宽松的裤子，他们裤子的特征是缠着毛线绑腿。瓜索人最得意的是那笨重的大马刺，丢圈套似乎比牧人强，但他们不会丢球。

达尔文在智利首都圣地亚哥住了一个星期，在回到瓦尔帕莱索的途中，住在一个美国人经营金矿的地方。他还参观了一个湖上的浮岛，这是由很多枯树枝堆成的，表面还长了很多别的植物。浮岛是圆形的，厚大约两米，大部分沉入水中，但是浮岛可以在湖面上随风漂流，有时能够载着牛马浮过去。

在智利所见到的兽类中最普通的是美洲狮。它们分布在广大的赤道森林、巴塔哥尼亚的沙漠、火地岛潮湿的寒冷地带，就连三千米高的安第斯山上也曾发现它们的足迹。

达尔文发现，拉普拉塔的美洲狮主要捕捉鹿和鸵鸟等野生动物，在智利也许没有这些动物，所以它们主要捕食小马和牛，听说也吃过人。它们猎捕牛、马的时候一定先跳到其背上用前足把牛、马颈骨折断。达尔文在巴塔哥尼亚曾经见到很多没有头的骆马的骨骸。

当美洲狮吃完小动物之后会用小树枝把残骨藏起来，趴在地上看守，如果有秃鹰飞下来想啄食的话，就把它们赶走。但是这种习惯却成为美洲狮的致命点，因为只要看到秃鹰在盘旋飞翔，人就能够知道它们所在的地方了。

听说美洲狮是一种相当机警的动物，当它们受到追逐的时候，往往突然间向旁边“唰”的一声躲开，让猎狮犬失去目标。美洲狮能够不出声，即便受伤也不吼叫。

达尔文经过考察，发现南美一带的蜂雀在这里也有，共有两种，一种夏天时从北方飞来，另一种由此南移。前一种体形较大，飞法也特殊，翅膀的力气与体重成比例，没有哪一种鸟会像蜂雀这么大的。它们能够像虻和蛾一样迅速地飞来飞去，当它们在花旁飞翔时，身体几乎是垂直的。

11月10日，“贝格尔号”为了要到南部进行测量，就从瓦尔帕莱索出航，十天之后抵达奇洛埃岛的首府圣·卡尔洛斯。

这个岛长一百四十千米，宽四十五千米，起伏不平，但不能称为属地。这里到处是森林，只有在草房子的周围开垦了一些田园。远望有如火地岛，但这里没有黑色的山毛榉林，倒是各种常绿树和热带植物把山林点缀得色彩缤纷。

这里天气总是很阴冷，强风不断，可谓“天无三日晴”，世界上像这样多雨的地方恐怕是很少见的。

这里的土地虽然很肥沃，但是因为日光不足，所以农产有限，几乎没有什么牧场。居民穿着手织的粗羊毛衣，以猪肉、马铃薯、鱼类等为主食。

森林里的土地软得像沼泽，根本不能进去，由于很危险，因此若想通过必须沿着海岸走或乘船。由于气候十分恶劣，而且西班牙人总会时不时进行掠夺，所以当地居民大都是贫困的。

达尔文决定离开正向大洋巡回的“贝格尔号”，随着两艘小船一起到大陆边缘的海面去做测量，然而所看到的地方皆贫穷。

达尔文他们在一个地方遇到了一个男人，这个男人为了借一把小斧头和几条小鱼竟然走了三天半。这就可以看出，这个岛上的物资无比缺乏，竟然连这一点小东西都很难得到。

这个地方的交易方式，依然是古代的物物交换。不论什么地方的居民都需要木篮、辣椒、旧衣服、做爆竹用的火药，尤其是香烟。

达尔文身旁的水兵用一点香烟就可换到两只鸡，他们用一块木棉手帕竟然可以换三头羊和一大把葱。

达尔文他们的船环绕着岛航行，白色壮大的安第斯山高峰出现在眼前，奥索尔诺火山升腾着浓烟。大约一个月之后，在达尔文他们再度折回的第二天夜里，发生了大爆炸。

那时水兵在夜间站岗，他们突然见到像一颗巨大星星一样的东西，越来越大、越来越亮，到了夜里三点左右变得十分壮观。达尔文用望远镜观察，看到浓黑的烟从巨大的红色熔岩上冒起，然后又落下，令人目眩的闪光照映在整个海面上。

达尔文听说科迪勒拉火山喷火的时候，巨大的熔岩喷到高空中破裂成种种奇妙的形状，十五千米之外仍清晰可见，可以想象场面是多么惊人！

12 月 10 日，小船和“贝格尔号”在岛的南端会合，之后达尔文他们就冒着暴风雨，继续前进。中途在一个海湾发现有两个男人用衬衫向达尔文他们挥舞，这两个男人是乘小船从美国的捕鲸船逃走，流浪到这里来的。他们的小船被海浪打破，据他们说十五个月来他们都不知道自己在哪里，整天都在岸边徘徊，如果没有发现达尔文他们，他们只能继续盼望下去，最后老死在这荒凉的海岸上。

达尔文在这里看到的海豹数量惊人，它们聚集在平坦的岩石岸上。当他们的小船经过它们身旁的时候，大部分的海豹都十分惊慌地滚进海里，但是它们马上会探出头来，奇怪地看着达尔文他们，有的竟然还敢追上来。西海岸最常见的红色秃头的秃鹫，就喜欢纠缠着海豹群。

捕鲸船

另一种鸟叫吉德吉德,英国人称它们吠鸟,顾名思义,它们的啼声像狗吠。它们同珠高一样,听到声音就会凑到人的身边,只是看不到踪影而已。

达尔文他们还看到一种大的海燕,以肉为食,它们可以潜入水中再飞上来,它们会追杀鹏鹏,听说海鸥也是它们的猎物。

第三章 继续起航

恐怖的灾难

“贝格尔号”再度回到奇洛埃岛，之后达尔文他们就冒着阴冷的恶劣天气北上，在一个叫瓦尔迪维亚的地方停泊。这个小镇到处种植着苹果树，所以这里的道路仿佛是果园的小路那样。

1835年2月20日上午，达尔文和平时一样去附近调查地层。忽然他觉察到了强烈的地震，这种强烈的程度，恐怕在那个地方的所有人都没有经历过。

当地震来临的时候，达尔文正躺在海岸的森林边休息，他感到了强烈的震动，而且震动持续了有两分钟时间。达尔文能够很清楚地感觉出地表的摇动，有人认为这种摇动是从正东方向来的，但是有些人认为是从西南方来的。

其实要站起来很简单，但可能是因为摇晃的原

奇洛埃岛圣·卡尔洛斯

因，当人站起来的时候感到有些晕眩。地震有点像船碰到小三角波时候的那种摇晃，又像踏在破裂了的薄冰上的感觉。

这次强烈地震，打破了达尔文之前所持的想法。达尔文之前认为坚硬的地壳，就好像包着液体的蛋壳，人们站在上面，而地壳在人们的脚下摇动。虽然这次地震时间不是很长，但达尔文心中异样的不安却永远不能消逝。

地震如果发生在退潮的时候，这将会使潮流发生十分特别的变化。根据住在海边的老人形容，海水并没有起大浪，平静地急涌到满潮线，忽然间又退到原来的水位。当然达尔文知道,潮湿的沙滩就是证明。在晚上的时候,微弱的余震不断地袭来,这才让港湾里产生种种的潮涌。

然而,下一个停泊港康塞普西翁所受到的震灾更为恐怖。附近的岛屿受到海啸的冲刷,海岸一带好像千百艘船遇难了一样,到处都是木材与家具,而且周围都是桌子、书架、椅子,还有很多房子的屋顶都被冲到了地上。即使是仓库都难逃一劫,像棉花、茶叶等贵重的物品都大包大包地被卷到海岸边上。

而在岛上,很多长着海藻的岸石也被冲到岸上,其中有一块石头长大约两米,宽约九十厘米,厚约六十厘米。而且岛上的很多地面都裂成一条条纵沟。

从港口进到岛上的道路上,达尔文他们看到的也都是一片废墟,由于破坏得太厉害,几乎想象不到不久之前这里曾经有街市,甚至还住着很多的人。

康塞普西翁的地震发生在上午 11 点半,如果是在半夜的时候,相信死伤的人会比现在多很多。无论如何,碰到这样的大地震,逃命要紧,一开始震动就必须马上跑到屋外去。

很多人都说,这必然是智利有史以来最大的一次地震。当地震过后,又陆续发生了无数次的余震,十二天里共发生三百次之多。

康塞普西翁的居民看到这些废墟,都为自己竟然能够平安无事地逃过这次灾难感到庆幸。但是这个地方大部分地区已经被破坏成断壁残垣,道路上的瓦片和石炭堆积如山。

有的茅草屋顶塌落到炉灶之上,到处起火,很多人顷刻间变得一贫如洗、无家可归。

在地震过去不久,就在几千米之外的海面上掀起了大浪,它们以惊人的冲力汹涌而来,把房屋和树木冲得东倒西歪,然后以猛烈的速度退去。有一艘双桅帆船被冲到离开海岸两百米,而且倒在了一间倒塌的民房后院。波浪的高度比涨潮的最高时候还高出七米。接着又涌上大股浪,波浪退去之时带走了很多物件。就连港口里的船也被冲走了,真是不可思议。

海啸来临的时候,居民们逃到街道后面的山坡上还是有充裕的时间的,这是因为海啸不是马上就能够冲上来的。有的船夫认为在大浪冲到岸上之前先划过波峰应该还有救，所以他们的小船一直向海中划去。

等到海啸退去之后，破房子里积满了海水，孩子们拿椅子、桌子当小船在玩水。虽然他们的父母内心十分悲痛，但是却比预想的更坚强，仍然咬紧牙关处理善后。

随之而来的是到处翻腾的黑而污浊的海水，而且还散发出硫黄般的臭味。迷信的居民中有一个会使用印第安巫术的老妇人，她说两年前发生了一件不尽如人意的事情，导致其中一座火山的活动，才造成这次大地震。其实，这一次她说的火山并没有发生喷火。

这次大地震的强度十分惊人。奇洛埃岛附近两个火山与震动同时爆发，喷火时间持续很久。

而在火山山脚正在伐木的人们却没有感觉到地震，也许是火山的喷火把地震的力量给抵消了的原因。

据达尔文考察，受到此次地震明显影响的是陆地到处隆起，康塞普西翁隆起六十到九十厘米，位于五十千米之外的圣·玛利亚岛上发现布满紫贝的岩石竟然浮到满潮线以上三米的地方,而平时要采集这种贝必须潜到海中。达尔文认为,这种使陆地隆起的力量和火山口喷出熔岩的力量相比,应该不相上下。

翻越高山

达尔文从康塞普西翁继续北上，到达了瓦尔帕莱索。他又从这里越过安第斯山脉，准备到阿根廷的门多萨去考察。越过安第斯山脉有两个山隘，一个在阿空加瓜，另一个在波尔季利奥，达尔文和牧人选择了地势险峻但较近的波尔季利奥这一线路。

达尔文的这次旅行才算是真正的轻松愉快。他们在有人家的地方买一些柴火，有时到牧场里借宿，有时候还在田园的角落野营，并且用铁锅做饭，这让达尔文觉得很有意思。

与达尔文一起的牧人带了十头骡子和一头“马度利那”。所谓的“马度利那”，就是识途的老母骡，它的脖子上系着铜铃，骡子听到铃声，不管驮着什么东西都会跑着跟上来的。

骡子在平地的时候可以驮一百九十千克的货物，在山地也可以驮一百四十千克的东西。它们的脚细细的，肌肉并不怎么壮，但是力气很大。由雌马和驴子杂交而来的骡子，虽然没有繁殖能力，但比起驴、马来，记忆力和理解力都很好，而且耐力大，有同伴的爱护，它们的寿命也很长。达尔文想这是人定胜天的好例子。

安第斯的山谷，两侧耸立着高高的沙砾堆或小石丘，中间污浊的泥水急湍直下，溪水冲上岩石，发出轰隆水声，由于石头的碰击，使得声音更加可怕。

达尔文考察过数百米厚的沙石层，竟然不知道这石层是怎样形成的。看到这些岩石日夜碰击，大石碰成小石，小石碰成沙砾，沙砾碎成沙子，然后流入大海，达尔文想，这样下去的话，就算是整个大陆，终有一天也会被冲刷得无影无踪。

达尔文沿着山谷越爬越高，他看到除了几种高山植物之外，几乎是寸草不生，鸟、兽、昆虫也很少出现。

当达尔文他们爬上智利国境彼乌克涅斯山的时候，开始觉得呼吸有一点困难。骡子每走五十米就要休息一下，两三分钟之后又继续强忍着前进。

在海拔四千米高的山上，外地人非得住上一年才会感觉习惯。但是，也许由于达尔文的身体不错，达尔文到山顶上去找贝壳化石，竟然忘却了呼吸不畅。

山顶上的风既冷且强，达尔文他们不得不从山峰两侧的积雪上面越过。清新的空气、碧蓝的天空、无底的深谷、经年累月堆积而成的废墟似的山以及终年不融的积雪、鲜红和紫色的岩山……这梦幻般的景色就展现在达尔文他们的眼前。

越过彼乌克涅斯山，进入门多萨共和国，海拔大约在3300米以上。此地几乎没有植物，野宿的时候，不得不用枯萎的小植物当作燃料。

在海拔4300米的波尔季利奥山顶上，达尔文他们被含有冰粒的云层所包围，下山之后已经是晚上了。置身于满月照亮的崇山峻岭之中，空气清新，星月分外明亮。

在这如此美丽的野地上，空气异常干燥。凿岩用的锤子竟然自动裂开了，面包和砂糖都变得很硬，遗留在地上的兽皮、兽肉竟然变得像干柴一样。

可能因为这个缘故，这个地方很容易摩擦生电，

达尔文穿的法兰绒背心如果在黑暗的地方摩擦会发出静电。他还发现,狗背上的毛一根一根地发出声音,就连马鞍上的皮绳也一碰就起火花。

他们下了山,走在干燥的荒野上,看到远方有黑色的云不断地翻滚着。刚开始他们认为那是野火的浓烟,可等他们走近一看,原来是一大群蝗虫。这一大群蝗虫乘着微风以时速十六到二十四千米的速度飞行,竟然追上了达尔文他们。

这一群蝗虫飞翔在离地面六到九米或是六百到九百米的空中,刚开始还能看到天空,到最后变成一片漆黑,什么都看不见了。即使是挥舞手杖都打不到那些蝗虫,达尔文推想它们并不怎么密集。很多人把振翅的声音比作古希腊的战车在战场上冲锋的隆隆巨响,但是达尔文倒觉得好像是强风吹拂着船索。当蝗群落地的时候,数目比田里作物的叶子还要多,达尔文想,这附近应该会变成一片荒野了。

其实,这里的蝗灾很常见,这一季里已经有几次较小群的蝗虫从南方来过了。可怜的居民只好追赶、烧火,或是大声叫喊,或者是挥着树枝想把它们赶走。

达尔文他们出发后十天左右就到达了门多萨。这个市镇以盛产水果著名，花一点钱就可以买到两个人头大的西瓜。此外还有葡萄、无花果、桃、橄榄等种类繁多的水果。

在回去的路上，达尔文他们准备越过乌斯帕利亚塔山，横渡低矮多刺的仙人掌丛、焦土似的荒野。进入峡谷的时候，正如达尔文所预想的，在凸出的山腰上，发现了白柱一样的树木化石。总共有五十块化石，每一块干围约一米，其中十一块已经硅化，其余的变成白色方解石结晶。

这是当一千千米之外的大西洋还冲刷着安第斯山山脚的时代，生长在海岸上，受到海风吹拂的树林的一部分。那个时代，这些植物还生长在海平面以上火山质的土壤上，后来沉降到海底，在深海底被一层沉积岩所覆盖，然后又被厚三百米的海底熔岩流所覆盖；接着又是沉积岩、熔岩，一共反复进行了五次。但是由于海底火山的活动，海底的地层再次隆起，变成了标高两千米以上的大山脉。

就这样在不停地侵蚀之下，一层层的地层被逐层冲刷剥蚀，而埋藏在火山质土壤中的古代树木，再次以化石的面目重见天日。达尔文想，这种变化在想象中很遥远，但是就整个安第斯山脉的历史来看，只不过是刹那而已。而且，这座安第斯山脉，比起欧洲或北美的地层来，要显得年轻多了。

达尔文他们越过了最艰难险阻的几个分水岭，那些落石堆积的道路让人步履维艰，然而除此之外，似乎别无其他途径了。

得到费茨·罗伊舰长的许可，达尔文决定取道陆路，预定在六百七十千米之外的科皮亚波与“贝格尔号”会合。最初达尔文是沿着荒凉的海岸前进，由于没有什么值得看的东西，于是他们改道向内陆的矿山方向走去。

在半路上，达尔文他们在科舍博又碰上一次地震。当达尔文被当地人家叫去吃饭的时候，听到地震前兆的地鸣，很多人都吓得哭喊，大家争先恐后地夺门而逃。

据说那次的地震来得十分突然，当时有人正在玩牌，忽然有一个德国人机敏地站了起来说：“我不能在这个时候把门关起来坐在室内。”说完立即把门打开，说时迟那时快，突然间天摇地动，大家终于逃过这场灾难。

地震的时候最可怕的不是没有时间逃出去，而是由于墙壁震歪使门窗打不开。这个地方的居民，只要感到地震就立即骚动起来，他们最讨厌的就是装得若无其事的人。有一次小地震，有一个英国人因为躺在野外，他想应该没有什么危险，就没有站起来。旁边的人生气地叫嚷说：“你看那个异教徒，竟然连从床上爬起来都不肯！”

还有居民相信地震和天气之间有某些关联。实际上在科皮亚波的山谷，当感到微微的地震时，天空会像要下雨雪的样子，所以科皮亚波的居民听到科舍博发生了地震，他们都说：“他们这下可要走运了，今年他们的牧草会长得很好。”

在科皮亚波要是下雨的话，牧草就会茂盛，他们相信要是发生地震的话就会带来丰富的雨量。

达尔文再度乘上“贝格尔号”，到达秘鲁的伊基克和首都利马，就这样结束了南美之旅。

高温的群岛

科隆群岛由十个主岛组成,位于美洲大陆西方约九百千米的海面上。其中有五个岛比较大,而且这些岛都是火山岩组成的,大的岛上都有火山口,以一千米左右的高度矗立着,在山腰上有无数的小洞穴。据推测整个群岛有两千个火山口,每一个都是由熔岩和火山岩重叠的凝灰岩所形成的。

大部分的凝灰岩火山口都是朝南,南侧比北侧略低,有被破坏的痕迹。达尔文想,这些火山口当初在海中形成的时候,应该是受到信风吹来的波浪或横越太平洋的波浪从南方冲击的原因吧。

虽然这里处于赤道线,可是气候却不怎么热,主要是由于巨大的南极海流带来了冰冷的海水。除了很短的一个时期外,这里几乎不下雨,但是却经常乌云密布,低洼地区几乎无草木。到了三百米以上的山区,由于空气潮湿,植物十分茂盛。尤其是向风的山坡上更加明显。

1835年9月17日,“贝格尔号”在群岛东端圣克里斯托巴尔岛停泊,这里跟其他的岛一样,到处隆起古代的火山遗迹。就整体而言,大致呈圆形缓坡状。

这个岛环境不是很好,黑色玄武的熔岩到处有龟裂,凹凸不平的地面上长满了毫无生气的灌木,像枯树一样。

正当中午之时,很闷的热气从干燥焦黄的地表升起。如果仔细观察,可以看到在那些小灌木丛中,也有枝叶茂盛、花开满枝的。

“贝格尔号”绕着查塔姆岛,在几处海湾试图下锚。这里仅仅有二十米高的火山丘,就像黑色圆锥体截去了顶端一样,大约有六十座,但没有一座显示最近有过活动的迹象。

接着,“贝格尔号”向查理岛前进。过去,这里是海盗和捕鲸船的基地,六年前才有小小的开拓地,居民约二三百人,是从厄瓜多尔共和国放逐来的政治犯。

开拓地在离海岸七千米的地方，海拔三百米。最初这个岛跟查塔姆岛一样只是一片黑色的灌木丛，不过随着高度的增加，绿色也越来越浓。当到达岭上时，凉爽的南风拂面吹来，蓊郁的树林映入眼帘。

居民散居在栽植甘薯和香蕉的平地上，达尔文他们一直以来看到的都是一些黑土，而眼前的景物让他们感到愉悦和欢快。因为从智利北部到秘鲁，达尔文他们每天所见都是荒凉的沙漠。这里的居民虽然显得很贫穷，但生活似乎并不太苦。

森林里有很多野猪和山羊，它们主要吃龟肉，因此龟的数量已经减少很多。人们只要两天去捉一次龟，那么一个礼拜的肉就没有问题了。听说之前有一艘船，一下子就捉走七百只龟。

阿尔贝马尔岛和纳尔博罗岛都是一片黑色熔岩，就好像煮沸的柏油溢出锅来一样，从火山口或山腹的洞穴冒出的熔岩一直流到海岸，长达几千米。这两个岛一直都在喷火。阿尔贝马尔岛有一个大火山口正在冒烟，别的火山口则变成浅湖，湖水清澄而碧绿，味道像海水一样咸。

海岸的岩石上栖息着很多的大蜥蜴。这个山丘上的蜥蜴是黄色的，颜色很难看。当达尔文他们经过的时候，它们惊慌逃窜，都爬进洞里去了。

达尔文他们在詹姆斯岛停留了一个星期。这里的西班牙人以捕捉鱼或龟为生。此地的树木很大，直径大约七八十厘米。高地上由于云层覆盖，长着一丛丛的菅类植物，栖息着很多小秧鸡。这里的居民只吃龟肉，用龟胸甲或小乌龟煮汤都很好喝。

达尔文对这个群岛的自然风物越调查越觉得有趣。大部分的生物都是当地特有的，其他的地方绝对找不到，甚至岛与岛之间都有不同。但是就全体来说，尽管隔着九百千米宽的大洋，这里跟美洲大陆的生物却有非常相似的特质，这也就是说，科隆群岛是自成一个小世界，或者是附属于美洲的小“卫星”。它们包括了美洲直接移植来的物种，可以说继承了美洲生物普遍的特质。

达尔文还发现，这个群岛上的陆栖哺乳类只有鼠一种，而且只有东端的查塔姆岛才有。这是美洲特有的鼠种，或许是随着船只前来的。

此地特有的四十种以上的鸟全部是接近美洲大陆的同种,但大都是小型的。除了有美丽黄色胸毛的鹪鹩和全身羽毛或胸毛呈红色的泰兰鸟之外,其他的物种跟别的地方一样,没有什么特别的。

这个群岛的植物类,也是由一些贫弱的杂草组成的,连一朵鲜艳的花朵都找不见。昆虫也很少,颜色也不显眼。达尔文认为,这里的鸟、植物、昆虫都跟沙漠中的生物的性质很相近,从这一点来看,热带地区那些具有鲜艳色彩的生物,不仅是温度或阳光的关系,达尔文觉得还有其他原因,比如说生存的方式等。

珍奇的生物

经过达尔文考察，他发现科隆群岛的爬虫类最让人称奇。群岛动物的种类虽少，但数目很多。蛇有一种，海鸭有一种以上，蜥蜴有三种，龟也有两三种，但是没有蟾蜍和蛙。在温湿的高地森林见不到两栖动物，这是很奇妙的事。一般来说，太平洋的火山岛上，蜥蜴虽然有，但却没有蟾蜍和蛙。

群岛上的每一个岛都有很多龟，它们喜欢栖息在高而潮湿的地方，但不毛的低地也有。有些龟大到没有七八个大男人搬不动的程度，老雄龟最大，雌的相对比较小，雄的尾巴很长，很容易分辨。

有些龟住在无水岛或不毛低地，它们主要是吃水分丰富的仙人掌，而住在潮湿高地的龟以树叶、酸的树果，以及从树枝垂下的穗串一样的地衣为食物。龟比较喜欢水，它们每天要喝大量的水，并在泥水里面到处钻来钻去。

要在这个地方找泉水，只能去大岛才能找到，而且一定是在相当高的地方，因此栖息在低地的龟口渴的时候，就要长途跋涉才行。从海岸到泉水处，往往有几条被龟踩硬的小路，西班牙人循着这些路就可以找到泉水。

最初从查塔姆岛上岸的时候，达尔文想不通这些整齐的道路到底是怎么形成的，到了泉水旁边才发现巨大的龟正伸长脖子专心地喝水。

泉水旁喝水的龟，不管谁在看它都不管，把整个头浸到水里，每分钟十次，总会咕噜咕噜地痛饮。据当地居民说，龟在水里要待上三四天，然后才回低地去。

这种龟即使人们从后面跟着它们走，它们也不会发觉，从这点看来它们似乎是没有听觉的。这个缓缓而行的大怪物，如果被追过去，会马上把头脚缩进龟壳，发出怒吼，并且伸出脚来在地上转来转去。

这里的蜥蜴有两种，是本群岛特有的，一种是陆栖的，一种是水栖的，长相很相似。

水栖的蜥蜴头宽颈短，爪长而齐，栖息在离海不到十米的地方，每一个岛的海边岩石上都有。乌黑的身体，长相很难看，动作又迟钝。成年的蜥蜴，长度不足一米，不过偶尔也可发现体长一点三米、体重九千克的大个子。

阿尔贝马尔岛的蜥蜴比较大，尾扁平，脚有蹼。时常在离海岸数十米的海面上，像蛇一样蜿蜒游泳，此时它们的脚不动，缩起来贴在肋腹上。

在海岸凹凸不平、到处有裂隙的熔岩上，随时都可以看到几只这种动物聚集在一起，它们伸直腿晒太阳。它们的身体和坚韧的利爪跟这环境竟然配合得相当好，这叫人看了觉得惊讶。

达尔文解剖它们的胃后了解到，这种蜥蜴的食物是翠绿的或暗茶色的海藻。这种海藻生长在稍微离开海岸的海底，蜥蜴经常下海去找寻食物。

但是令人称奇的是，这种动物看到敌人的时候绝对不会逃向海里，因此只要把它们赶到山崖抓住尾巴就能够捉到。它们即使被倒悬起来也不会咬人，当它们感到恐怖的时候会从鼻孔滴出一滴液体。

达尔文有几次在退潮的时候把这种蜥蜴尽量丢得远一点，但是它们却马上向着达尔文的方向游了回来，到了岩石旁边潜着水，躲在海藻或岩石缝里，等到没危险了，很快地爬上岸来，拼命逃走。

达尔文认为从这种奇异的习性，可以说明岸上并没有什么安全的避难所，它们这么做想必是遗传下来的本能。

还有一种蜥蜴，是尾巴圆形、趾间没有蹼的陆栖蜥蜴，只有群岛中央的阿尔贝马尔、詹姆斯、巴林顿等岛才有。虽然潮湿的高地也有，但是它们大部分栖息在海岸附近的不毛低地。

它们跟住在海岸的同类一样，也是腹部黄橙色，背部是茶红色，头部因为没有棱角，看起来显得有些傻。它们比水栖的蜥蜴要小一点，但其中也有五六千克重的。

它们的动作十分缓慢，拖着腹部和尾巴慢慢地爬，当它们缓缓停住了的时候，就把后腿伸直，眼睛微合上就睡着了。

这种蜥蜴有的住在洞穴里，有的住在熔岩缝里，但是它们通常都在沙岸的软土上挖洞。洞穴并不太深，斜斜地敞着，人们走到上面偶尔会陷下去，而这让疲倦的步行者感到烦恼。

这种蜥蜴白天出来寻食，但是不会离开洞穴太远。一旦受到惊吓就立刻慌忙逃开，由于它们的腿紧贴着腹部，跑得不是很快。不过，它们绝不是胆小，它们会反抗，而且还会一直盯着袭击它们的人，尾巴卷起来，伸出前腿，头部一上一下地动。实际上只不过是虚晃一招，在它们把脚放下来、伸直尾巴后，就又开始逃命了。如果用棒子去逗弄它们，它们会拼命咬住棒子，但是如果抓起尾巴，它们也不会咬人。如果两只同类在一起打起架来，却会咬得双方头破血流的。

住在低地的那么多蜥蜴，一年到头不喝一点水，它们只吃水分丰富的仙人掌。达尔文常把被风吹断的仙人掌丢给它们，看到这些蜥蜴疯了似的抢食，实在有趣。

高地的蜥蜴喜欢吃酸而硬的树木果实、金合欢树树叶，经常爬到低低的毫无生气的金合欢树上去吃嫩叶。

当地人说，蜥蜴肉煮过之后会变成纯白色。蜥蜴肉可以说是很美味的，当地居民也吃过蜥蜴蛋。

看到这些动物，达尔文不禁想起那些大得像鲸鱼般的巨大爬虫类，素食的、肉食的成群徘徊于海中、陆地的中生代。

这个群岛还有一个特色，就是每一个岛都各有很多不同的生物。

据当地的居民说，每一个岛的龟种类都不一样。例如，查理岛和旁边的福德岛的龟甲前端是厚厚的，像马鞍一样向上卷起来，但是詹姆斯岛的则比较圆，色较黑，吃起来味道也较好。

模仿鸫和金翅雀因岛而异。至于昆虫，达尔文所采集的，没有一种是相同的。在达尔文于詹姆斯岛采集的七十一种昆虫之中，有三十八种是本岛原产，其中有三十种是别的岛上所见不到的。阿尔贝马尔岛二十六种原产植物，只有四种在其他岛上也有发现。

查理岛离查塔姆岛八十千米，离阿尔贝马尔岛只有五十千米。詹姆斯岛离阿尔贝马尔不过十六千米。每一个岛不管地质、标高、气候都差不多。

那么,如此相似的岛屿,为什么会有不同的生物存在,而且是具有共通性质的生物呢?达尔文认为,水速很快的海流向西方或西北流去,把南方的岛和北方的岛隔离了。北方的各岛之间还有向西北流的海流,将詹姆斯岛和阿尔贝马尔岛隔着。

除此之外,这个群岛很少会有大风,根本没有办法将鸟类、昆虫或植物的种子从一个岛吹到另一个岛。

虽然是这样,但是如此小的而且充满岩石的群岛,竟然会有如此数量的生命,这是一个奇迹,实在不得不叫人感叹。

达尔文还发现,这个群岛的鸟类几乎都不怕人,这是陆栖的金翅雀、鹪鹩、泰兰鸟、模仿鸫、鸽、秃鹰等共有的特性。

当地人说,这些鸟类随便用鞭子一甩就可以死不少,甚至有时候用帽子一拍就可以把它们打下来。枪支在这里根本没有用途,达尔文曾经用枪管把一只老鹰从树上打下来,其实当地人知道,木棒也同样可以。

达尔文还听说,之前人们出去散步的时候,一些鸟总会停在他们的帽子和手腕上，因此一下子被杀了好几只，达尔文想那时候的鸟一定更不怕人吧。现在鸟虽然不会停到人身上来，也不那么轻易被打死，但是现在仍旧不怕人。达尔文想，一百五十年以来，海盗、捕鲸船不断在这里来来往往，为什么它们还是不怕人呢？这实在让人觉得奇怪！这个群岛的鸟类不知道人类比起龟、蜥蜴更具危险性，就像英国最胆小的鹊没有把牛马放在心上一样，这里的鸟也没有把人放在心上。

通过这些就可以知道，一般的鸟之所以怕人并不是为了预防危险而十分谨慎，而是基于特殊的本能。这种本能，不是由于个体在短时间内不断吃亏而获得，而是历代遗传经验的累积。

正是因为这样，英国那些很少受到干扰的鸟，连雏鸟也是一看到人就怕。但是在科隆群岛的鸟不断地被人残杀却不知道何为害怕。

塔西提岛与新西兰

在达尔文他们结束科隆群岛测量之后,“贝格尔号”再一次向西航行,乘着海风跨越五千千米的大洋,到达南太平洋乐园塔西提岛。

达尔文远远望去,峻峭的山峰耸入云霄,珊瑚礁包围着海岸,当地人划着独木舟在平静的海面上穿梭。

塔西提岛山脚的旱田在香蕉、橙子、椰子和面包树之间开垦,种植着山芋、甘薯、甘蔗、菠萝等作物。

其中最惹人注意的就是面包树。它叶大如掌,翠绿无比,枝叶繁茂,悬着又大又富有营养的面包果。

这个地方菠萝树果实累累,堆积如山。在灼热的太阳底下步行,喝一口椰子汁,让人心旷神怡。远处的羊肠小道连接着很多散落的人家,两旁有着阴凉的树荫,达尔文他们沿路受到热情的招待。

塔西提岛人

塔西提岛的居民十分乐观，而且温和淳朴，没有一点野蛮的习气，他们头脑很好，生活层次也很高。

这个地方的人们工作的时候都是裸着上半身，看到他们身材高大魁梧，肩膀宽大而对称，雄赳赳气昂昂的样子，不禁令人感到他们是比达尔文他们更优秀的人种。

塔西提岛人有文身的习俗。他们身上的图案和身体的曲线讲究相衬，让人觉得很漂亮。最常见的是从脊背卷曲着向两侧展开的椰子叶图案。塔西提岛人的身躯，就像爬着藤蔓、瘦削而威武的大树。

这个地方，有很多老人的脚像穿了袜子似的，刺上小小的图案，但是在年轻人当中似乎已经不太流行了。塔西提岛女人也同样文身。她们的文身多半刺在手指上。她们的头发剃成圆形，只留旁边的头发，虽然看着不好看，但是很流行。

每到黄昏的时候，孩子们都到海边玩耍，他们燃起火堆，把静静的海面和周围的树木照得通红，男男女女围成一圈载歌载舞。

达尔文坐在沙滩上静静地欣赏着。其中一个少女唱了一节，其他的人就跟着合唱，歌声非常美妙，这让达尔文陶醉在有名的南太平洋之岛的海边歌声里。

达尔文照例绕着岛到处考察，他曾经爬到峡谷的分水岭，但是没有发现什么珍奇的植物。海岸的热带植物虽然很繁茂，也只有羊齿类和短草，好像置身于英国的威尔士一样。

这个岛完全被珊瑚礁所包围，只留下一个小小的入口，在达尔文站的地方能看见一条细长但很清晰的白线，这是海浪打在珊瑚壁上形成的。

很多山峰耸立在平静的礁湖之上，而外面却是波涛汹涌，这可以说是风景如画。就在十天之后，“贝格尔号”进入这个岛上女王所住的巴比爱帝港。达尔文他们邀请这位人高马大、不太漂亮的女王到舰上来，士兵们燃放焰火、高声唱歌以表欢迎。

第二天，“贝格尔号”顺着祥和的春风，开往新西兰。当时夕阳西下，达尔文他们向塔西提岛的山峰告别，所有的舰员都十分不舍。

航行了二十天才远远地看到新西兰。到了这里，海洋差不多渡过了，但是太平洋的广大，只有亲自去航行的人才能够感觉得到。

穿越了子午线,达尔文他们就开始一步步地接近英国了。

12月21日,“贝格尔号”抵达了群岛湾。

在这个地方,他们看到的是缓坡的山丘互相重叠,无数的河口向内陆伸展。从远方看好像是一大片草,其实这不过是羊齿类植物。

远处的山丘跟山谷一样,覆盖着繁茂的森林,让人想起智利的康塞普西翁以南的山林。

这个地方有着四角形雅洁的住屋,聚集在湾内各处,附近一片沉寂,十分安静。当“贝格尔号”停靠的时候,只有一只独木舟划了过来。达尔文他们刚从塔西提岛受过热烈的欢迎,跟这里的景象比起来,难免让人有些感伤。

当地居民是二三百个英国人和土著人,从船上看到的白色房子是英国人的住处。这个地方长满了像杉木一样高大的羊齿树的山丘,不适于耕作。河口伸入内陆,交通全靠小船。达尔文爬到了山丘之上,看到了一个叫派斯的深壕,据说是古代城堡的遗迹,曾经是用来运载枪炮的，但是由于此处不适于防守，现在已经废弃了。

新西兰人怪异的黥面显得十分恐怖，由于黥面时留下的伤痕，使得他们跟戴了面具一样，面部的肌肉十分僵硬，表情木然。

当地的土著人们也是穿衣服的，但是大部分是用一条或两条黑得发亮的毛毯披在肩上。不过几位大酋长都有英国的上等质料的衣服，除非有什么重大的事，否则他们不换上。

新西兰人打招呼的方式十分怪异，他们用自己的鼻子压着对方的鼻子，而且还要发出表示满足的低吼。就好像达尔文他们握手时方法有很多种，这种压鼻子似乎也有很多种不同的方法。

新西兰这个地方密林连绵，但是鸟类却很少，兽类由于气候以及高度的变化分很多种，奇怪的是，除了鼠之外，没有别的特殊品种。就好像加拉哥巴斯群岛的爬虫类那样，这里的几种大型鸟类，似乎取代了哺乳类。

加拉哥巴斯群岛的陆龟

达尔文发现，在茂密的森林当中，特别有名的是一种名叫高立松的树。它的树干呈圆柱形，上下的粗细没有多大差别，且中间没有一根树枝，高二三十米，在树梢部分，好像帽子一样长了些树枝。

在达尔文他们快要离开新西兰的时候，大家都不约而同地舒了一口气。

澳大利亚的景象

1836年1月12日，“贝格尔号”抵达当时的澳大利亚悉尼。达尔文从远处看去，黄色的山崖与海岸连绵，这让他想起了巴塔哥尼亚。但是这里却停泊着很多运输船，还有很多仓库，港景十分壮阔，当他们上岸之后看到街市的喧闹，更是让他们感到惊奇。

悉尼的街道十分宽阔干净，房屋也都很整洁。这个地方的建筑物看着都很漂亮，商店里摆满各种商品。达尔文雇用了向导与两匹马，打算去往一百千米之外的某个牧场。在途中他们遇到了一队拿着枪矛的土著人，达尔文拿出一枚银币给一个看起来很像首领的年轻人，请他掷枪给自己看。

这些人几乎全裸，但是他们态度温柔而且和缓，甚至有些人会说英语。他们掷枪的技术让达尔文感到吃惊，三十米之外吊着一顶帽子，他们一枪就掷穿了。他们的洞察力十分灵敏，据说可以辨别兽类和人的足迹。

悉尼的人都不愿耕种，也不盖房子定居下来，即便是让他们放羊，他们也会感到麻烦。自从白人来了之后，他们还是保持着自古以来的习惯，过着游猎的生活。

原居民的人口急速地在减少，在这一次旅行途中，这种情况达尔文只遇到过两次。达尔文认为，可能是因为酒的输入和从欧洲传来的疾病，再有就是他们赖以生存的野兽越来越少。

随着长年的流浪生活，他们的婴儿的死亡率必定很高。达尔文想到了美洲、南非、波利尼西亚等地，只要是白人侵入的地方，原居民就一定会被逐渐消灭。达尔文想，也许在人种之间，也会如动物界一般存在着弱肉强食的法则。

达尔文知道，自从白人出现之后，美丽的塔西提岛岛上的人口开始逐渐减少，这是众所周知的事实。有些人认为，欧洲的船到达的地方，一定会带入各种疾病，夺去原居民的性命。但让达尔文感到奇怪的是，被认为将这些疾病带进去的船员们却个个没事。

达尔文还发现，这里除了袋鼠之外，竟然连一只野狗都没有。听说之前也有不少野生的动物，但现在食火鸡已经被赶到远方，袋鼠也慢慢减少。从英国来的强敌，相信不久将使食火鸡和袋鼠趋于绝灭。

一天晚上，达尔文在湖畔散步，他发现了几只有名的鸭嘴兽在水面戏水，它们潜入浮出。与达尔文同行的一个人射杀了一只，不料剥制成标本之后，它的嘴巴已经干瘪，跟活生生的时候差别很大。

鸭嘴兽

达尔文他们还去了澳大利亚属地塔斯马尼亚的佐治亚湾，在这荒凉的开拓地，欣赏了柯罗别利人的舞蹈。

他们身上涂着白色点线，一群人围着火堆，互相舞着棍棒或枪矛，扭动着身体，其中有庆祝战争胜利的舞蹈，也有弯着脖子像鸟一样的食火鸡舞。

不久之后，“贝格尔号”横渡了印度洋，再一次前往南美。中途经过珊瑚礁形成的珊瑚岛。这个地方是个椰子树茂密的海岸，达尔文能够见到土著人们捉海龟的情景以及横行的螃蟹。他还在月光下欣赏了巫师们的舞蹈，尽情享受了甜蜜的热带孤岛的情调。

到达椰子岛

这里的珊瑚礁有三种样式：裾礁、堡礁、环礁。之前它们其实都是同一种礁，随着海底的下沉由裾礁变为了堡礁，再变成环礁，这些达尔文在书本上都了解过，只是在这个地方才得到了证实。

途经一个小岛，他们看到了一片翠绿的甘蔗园，海上矗立着黑色城堡模样的巨大岩石，圣赫勒拿岛就在眼前。那一晚，达尔文他们在岛上距离拿破仑之墓不远的地方住下来。

“贝格尔号”返航

后来,达尔文经过了红色的山丘及起伏于黑色熔岩的亚尔森松火山岛,这个地方真是一片荒凉。之后,“贝格尔号”为了完成测量,再一次抵达巴伊亚。途中他们遇到大风浪,只好躲入巴西的海岸,终于在 8 月 19 日,向南美作永远的告别。

达尔文他们一路顺风顺水,“贝格尔号”终于在 1836 年 10 月 2 日于英国的港口下锚。达尔文算了算,从出国到回国,已然过了五年。

第四章 出版《物种起源》

回国之后

达尔文跟随“贝格尔号”航海的经历，是他这一生当中最为宝贵的，而这也让他对自己的生活方式以及对未来的方向等做了很明确的决定。

达尔文在航海过程中做了很多专门研究，虽然有不小的成就，但更重要的是在这五年之间他养成了对于自己所从事的工作能够专心致志、一往无前的习惯。

最为珍贵的是，达尔文学会了将在书本上获得的以及自己思考的事物，都要亲眼见到以作验证。在这次航海的过程中，达尔文有很多次这样锻炼自己的机会，所以养成了这种习惯，他之所以后来能在科学界做出一番很大的事业，也多是受了这种磨炼的影响。

在刚开始航海的两年中，达尔文仍然像从前一样

热衷于射击，出去狩猎或采集标本的时候，一定要用枪射死小鸟或动物。后来达尔文渐渐感到射击对他的研究是一种无形的阻碍，于是他慢慢疏远了枪支。即使是去狩猎，他也会让同伴射击，因为他现在只专门观察动物的行为。达尔文后来还感觉出，细心观察比炫耀自己射击的技术更有价值，而且更加让自己愉快。之后，达尔文对科学的喜爱与日俱增，最终挤掉了一切与科学无关的嗜好。

就在达尔文航海的过程当中，他的精神已经成熟到很高的境界。所以，当达尔文航海归来，如果有人犹豫要不要去长时间地航海，他就会毫不犹豫地鼓励他，尤其是年轻的博物学家，达尔文觉得再也没有比到各国去走走更有用的了。

在航海的过程当中，达尔文之所以热衷于科学的研究，是因为达尔文坚信一点一滴、日积月累对于自然科学的发明与发现，总会有一些好处的，更何况研究本身就很有乐趣。同时达尔文还有着在科学的领域占据一席之地的野心，而这个野心也必将引导着达尔文一步步地前进。

就在航海即将结束的时候，达尔文在亚尔森松火山岛收到了一封家书。家人在信上说，塞治威克教授特意拜访达尔文的父亲，他说现在把达尔文列入世界级别的科学家都不为过。原来当时达尔文曾经寄给教授一些化石，而这些化石在考古界获得了很高的称誉。

无论如何，读完家信的达尔文像飞一样地登上了亚尔森松火山，他挥着铁锤敲击着火山岩，也不顾汗水流落在脸颊，他开始疯狂地工作，当然也是受了一些功名之心的鼓励。

不过到了后来，当达尔文听到他的朋友赖尔等人赞誉的时候，他慢慢地不去在意别人对自己的看法了。当然这不是说某些赞誉或者自己著作的畅销不能够让他激动，而是他认为这种虚有的外表只会闪耀一时，因为他决定了不会为了沽名钓誉而迷失自己的方向。

1836 年 10 月 4 日，达尔文安然地回到了什鲁斯伯里的家中，他的父亲和兄弟姐妹们，简直像迎接国外的贵宾一样欢喜地将他迎回家。

喜悦之情过后，达尔文为了接下来发生的很多事,开始忙碌了。

达尔文到处找人,但是没人愿意收藏他这五年所收集的标本。很多科学家都在忙于自己的工作研究,没有时间接见他。动物博物馆的标本已经满了,就连大英博物馆也差不多满了。

更让达尔文忧伤的是,这几年他明显地感觉身体开始衰弱,而且现在还找不到工作。达尔文在很早之前就觉得自己不必有一个固定的工作,只要能够专心搞研究就行了。

各种困难让达尔文听从了亨斯罗教授的忠告,他只好返回剑桥整理、分类采集来的标本,并且开始自己的著作。

达尔文迁到剑桥是1836年年底的事情。这里非常适合居住,他刚开始很想家,但是后来与认识的很多学生成为朋友。他们每晚都开舞会、打牌,这虽然排解了达尔文的孤独之情,却妨碍了他的研究工作。

所以1839年的春天,达尔文迁到伦敦的大马尔勃鲁街36号定居下来。除了6月份曾经回什鲁斯伯里一趟，一直到9月，达尔文都闭门著作，全力完成了《考察日记》。《考察日记》在出版之前只是简单地装订，分送给朋友，结果反响很好。

1839年7月，达尔文开始整理之前所想的，准备作为即将着手撰写《物种起源》参考数据的第一册笔记。

早在1838年年初，达尔文虽然以各种理由推脱，但还是被选为地质学协会干事，达尔文必须跟很多人交际应酬。

自从达尔文航海归来之后，他时常会碰到一些关心他的工作、对他表示敬意的学者，赖尔教授就是其中的一位。

赖尔教授是个聪慧而谨慎的学者，他很能理解别人的研究，并且乐于助人，是一位很难得的良师益友。对于达尔文在珊瑚岛所实证的对三种珊瑚礁成因的见解，他是第一个表示支持的人。

如果要跟他谈论关于地质学的问题，他就一定会刨根问底，再三检讨所有的可能性，直到问题真相大白。

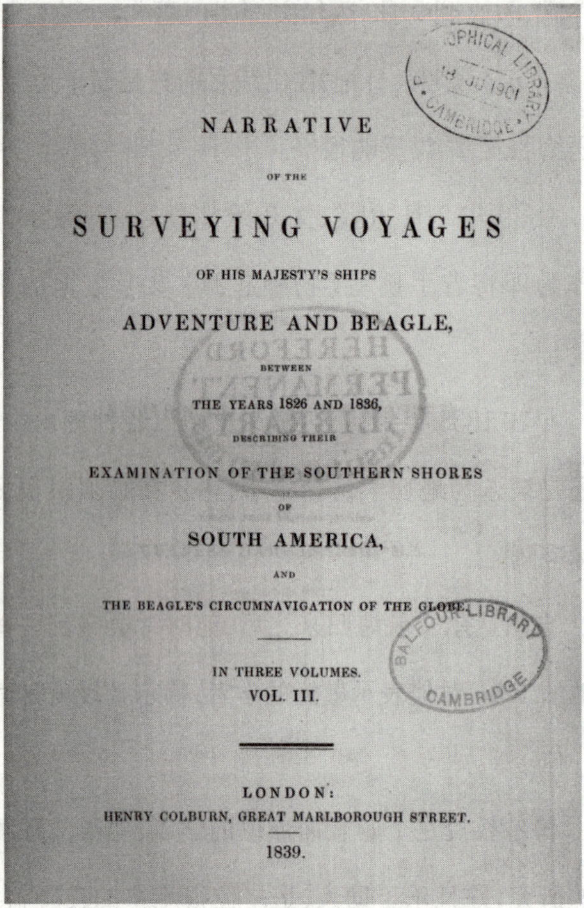

NARRATIVE

OF THE

SURVEYING VOYAGES

OF HIS MAJESTY'S SHIPS

ADVENTURE AND BEAGLE,

BETWEEN

THE YEARS 1826 AND 1836,

DESCRIBING THEIR

EXAMINATION OF THE SOUTHERN SHORES

OF

SOUTH AMERICA,

AND

THE BEAGLE'S CIRCUMNAVIGATION OF THE GLOBE.

IN THREE VOLUMES.
VOL. III.

LONDON:
HENRY COLBURN, GREAT MARLBOROUGH STREET.

1839.

1839年版《考察日记》的扉页

与他讨论问题，总会让达尔文感到眼前一亮。当然，赖尔教授的鼓舞与教学，对达尔文的工作进展有着莫大的帮助。

在这两年当中，为了让自己放松，达尔文有过几次短程旅行。他到苏格兰的英威涅斯峡谷旅行的时候顺便考察了有名的平行路，之后将推论发表在学术杂志上。

达尔文在南美见过陆地隆起的痕迹，所以他推断，这些平行的道路是海浪造成的。不过随后瑞士博物学者亚格西提出了“冰河湖说”，达尔文承认了自己的推断是错误的。这次经验让达尔文了解到研究科学绝不能太拘泥于一个假说。

查尔斯·赖尔（Charles Lyell，1797—1875）

幸福的婚姻

1839年1月，达尔文跟他很尊敬的乔斯舅舅的女儿——与他青梅竹马的爱玛·韦奇伍德——结婚了，他们在伦敦高尔街12号建立了家庭。

他们的新房很一般，有两个普通的房间，家具和地毯都很简陋，但是这个地方的好处是庭院很大，虽然只长了些不太漂亮的草，但是那片绿色为达尔文这种乡下长大的人带去了亲切感。

在高尔街的生活十分平静，没有应酬，访客也少。浓雾的夜晚，除了远远传来轻微的马车声外，周围就像深海底一样沉寂。

爱玛是个很好的妻子，她从不发脾气骂人，或者说一句令人难堪的话。妻子一直诚挚地照料达尔文，达尔文时常抱怨自己身体不好，但妻子都忍耐着。她

达尔文的妻子爱玛·韦奇伍德

（Emma Wedgwood，1808—1896）

对待任何人都很亲切,永远会让其他人感到愉快。品德比自己优秀的爱玛还以作为达尔文的妻子而感到骄傲,这让达尔文受宠若惊。

居住在伦敦三年多的时间内,达尔文虽然一直在奋力工作,但成就不多。因为他经常病倒,有很长一段时间,他不得不躺在床上休息,只要稍微地劳动,就会感到全身无力,心跳剧烈。

医生曾劝达尔文停下手中所有的工作,不得已达尔文休息了一段时间。达尔文利用这空当,经常跟 1839 年年底出生的长子威廉一起玩耍,而且时刻观察儿子的各种表现,这让达尔文度过了一段相当愉快的日子。达尔文将观察的结果,在 1872 年写成《人类和动物情感的表达》一书,出版当天就卖了五千二百六十七部,相当畅销。

1842 年夏天,当达尔文的身体稍微恢复了一些,他去北威尔士作了一次小旅行。调查了之前跟塞治威克教授一起来时遗漏的大山谷间存留的冰河遗迹。

1852年的达尔文和长子

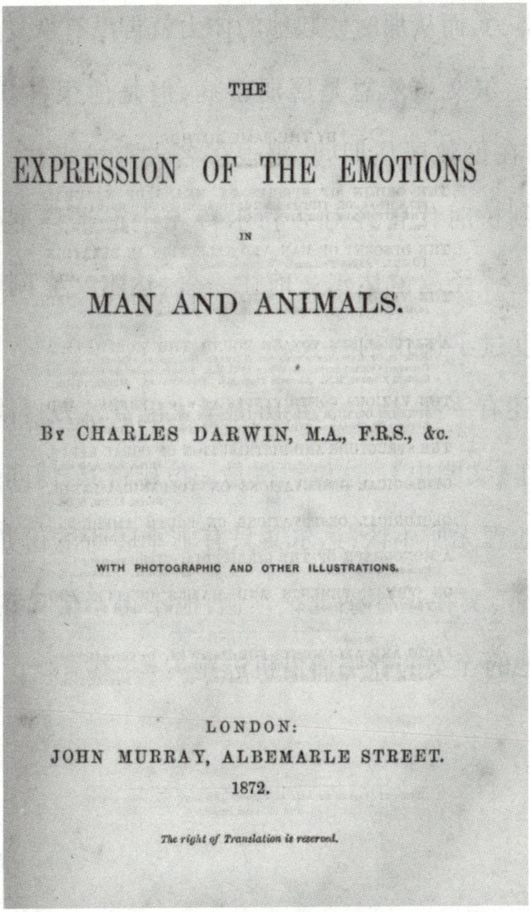
THE

EXPRESSION OF THE EMOTIONS

IN

MAN AND ANIMALS.

BY CHARLES DARWIN, M.A., F.R.S., &c.

WITH PHOTOGRAPHIC AND OTHER ILLUSTRATIONS.

LONDON:
JOHN MURRAY, ALBEMARLE STREET.
1872.

The right of Translation is reserved.

1872年版《人类和动物情感的表达》的扉页

而这也是达尔文的最后一次调查旅行，因为达尔文已经失去了地质学研究所需要的登山入海、长途跋涉的体力，而从那时候起他的体力就再没有恢复过。

达尔文虽然总是孱弱多病，但是他很喜欢社交生活，在伦敦居住期间，跟很多名人有过来往。达尔文在剑桥时代曾经对芬勃尔特先生很崇拜，芬勃尔特先生曾经邀请达尔文前往一聚，达尔文立刻赴约，并且度过了愉快的一天。

还有一次，达尔文跟历史学家巴克尔教授谈到他的著作《文明史》。这位教授是一位雄辩家，博闻强识，天文地理无所不谈，达尔文只有乖乖聆听的份儿，“长篇大论”实在让他感觉很烦恼，他不得不借口说自己偏爱他的侄女的歌唱而借机逃跑。

隐居乡下

在伦敦的这段时间，达尔文尽可能地出席了很多学会，认真执行地质学协会干事的工作。但是随着时间的推移，达尔文感到不能再勉强做这些事了，达尔文决定隐居到乡下。

达尔文曾经到各地找了几次房子，最后他在离伦敦三十多千米的偏僻小村庄——达温(Downe)——找到一个适合他经济能力的房子。

达尔文的妻子对房子和庭院都十分满意，不过因为附近很荒凉，增添了一些寂寞之感。

达尔文却认为这里虽然交通不便，但是远离城市的喧嚣，田野十分幽静。只是这座房子因为废弃了很长时间，有些破旧了。

达温村庄

达尔文找房子已经找烦了，他觉得修理一下还能凑合，于是决定买下来。

迁居达温是1842年9月的事。等到达尔文住下来之后发现，在这块白垩层的土地上，生长着之前不曾见到过的珍奇植物，这让达尔文激动不已。

达尔文在达温简直是与世隔绝，他们一家人除了偶尔到亲戚家走走，有时到海边远足，大部分时间都足不出户。

达尔文在达温的房子

刚开始达尔文也到社交界去露个面儿，请几位朋友到家里来。但是在那种场合下达尔文会紧张、厌恶、恶心，终于不得不拒绝一切宴会。

同朋友聚会、聊天可以让达尔文心情愉快，现在不能参加宴会，对达尔文来说实在很痛苦。之前所交的一些知心朋友，虽然友情依然存在，但是却日渐疏远淡漠了。

根据达尔文的判断，这种可悲的感情变化，应该是由于自己一直担心跟家人以外的人接触，只要交谈一个小时就会对身体产生不良影响的想法而来。

不过这样闷在家中唯一让他感到愉快的是科学研究。工作的时候，达尔文会把心情郁闷、身体衰弱等所有的不快都忘得一干二净。

第二年，二女儿刚出生不久就夭折了，紧接着久卧病床的岳父乔斯也去世，一连串不幸的事接连发生，让达尔文无心工作。之后又过了一年，达尔文又开始专心地做研究工作。以后的四十年间，达尔文写了《物种起源》《人类起源及性选择》《论食虫植物》等十几部书。

达尔文工作中心的日课表大略是早上天未亮便起床做轻松的散步。这是在矿泉疗养所养成的习惯，到老去的时候达尔文仍持续不断。有时候达尔文也带着自己的儿子弗朗西斯一起去散步。

达尔文的一天是很充实的。

7点45分左右，达尔文独自进早餐，接着开始工作。上午8点到9点半的一个半小时是工作效率最高的时候。

达尔文在9点30分进入客厅，开始躺在躺椅上听家人为他读信，有时也顺便读一段小说给他听。10点半左右到12点或12点半左右又开始继续工作。

达尔文就这么进行一天的工作，其余的时间都用来散步，同行的通常都是母狗波利。

达尔文很喜欢这条狗，晴天时它很高兴地跑着跟上来，雨天时因为不能陪着他，它就不好意思地做出奇怪的表情，但是等到达尔文跨出大门的时候，它就又忍不住地追了上来。

达尔文非常喜欢狗，而它们也跟达尔文十分亲密。达尔文在剑桥的时候，表哥的狗每晚必定跳到达尔文床上，睡在达尔文的脚旁。

达尔文的另一条爱犬，是一条毛粗粗的狐狸狗，非常精灵而讨人喜欢。如果达尔文在书房整理行李，它就知道主人要外出旅行，露出一副很寂寞的样子。但是如果家人在清理达尔文的书房，它就知道达尔文马上就会回来了，蹦蹦跳跳激动得狂吠不止。

达尔文家另外还养了一条黑白杂色的猎犬，名叫霍普，是孩子们的好朋友。达尔文在《人类和动物情感的表达》一书中曾提到这条狗。

白天散步之前达尔文一定先到温室去观察一下正在发芽的种子和实验用的植物，然后在“散步道”走走，或是到附近的空地绕圈子。

其实，所谓的“散步道”，就是围绕一块大约一公顷半空地的一条细长石子路。路的一边，长着枝干粗大的橡树林，树荫投在路上；另一边是低低的绿篱，绿篱的那边是一片草地。

“散步道”旁种了一些赤杨、黄杨、桦树等树木，达尔文经常都要往返好几次。起初的时候，达尔文每走一趟，就从路旁把小石子踢成一堆，看看到底几趟才会

达尔文的"散步道"

累。小孩子们也很喜欢在这里做游戏,达尔文有时站着看他们玩,有时为他们解答一些问题。

当达尔文独自一人的时候,经常停下来观察小鸟和动物。有一次四周非常寂静,几只小松鼠跑下来到达尔文脚上和背上玩,母松鼠在树上一直担心地吱吱地叫,让达尔文看得很着迷。

每当达尔文散步的时候,总可以发现鸟巢,或是珍奇的鸟,这是达尔文的特技,其他人是学不来的。

幽静的库潭谷上的小山丘,也是达尔文喜欢的地方，那里生长着一些杜松，遍地是蝴蝶兰。为了调查这附近所有普通的草类，达尔文曾跟他的孩子们到这里采集标本。

达尔文很喜欢跟妻子、儿女一起在庭院乘凉，把长椅搬到庭院里，一家人坐着聊天。但是达尔文更喜欢独自坐在草地上，躺下来看孩子们玩网球，有时球滚到达尔文这里，他就用拐杖把它捅回去。

达尔文户外的消遣除了散步就是骑马。很幸运的是，达尔文得到了一匹非常听话、矮矮胖胖的小马。后来他就在坎坷不平的道路上骑马消遣，这会让他想起之前驰骋于荒野的情形。

达尔文的午饭往往等到散步之后才吃，他跟他的孩子们一样喜欢吃甜食，但是医生禁止他吃。达尔文几次都决定不再吃甜食了，不过实行得不够彻底。

吃完午饭之后，达尔文就躺在躺椅上看报纸。等他读完了报纸就开始写信。达尔文写信或写稿的时候，都坐在壁炉旁边一个马毛编织的椅子上，用一块板子架在扶手上当桌子写字。

如果信太多的话，他就先拟大纲，然后用口述让别人抄下来的方式，但他的大纲太潦草，有时连自己都认不出来。不过有些来信十分没有礼貌，达尔文本来打算不回信，但他还是怀着仁慈的心全部回信了。

下午3点，达尔文写完信就开始休息，他躺在躺椅上，一边抽烟，一边听家人念科学以外的小说给自己听。

达尔文只有在这个时间才抽纸烟的，在工作的时候他闻鼻烟。这个习惯在爱丁堡的时候就养成了。

达尔文觉得烟草对身体没有好处，应该戒除这种嗜好。他曾经戒了一个月，但总是觉得提不起精神，而且容易忧郁，最终也没有抵制住烟草。

4点整的时候，达尔文便下楼换衣服，去散步半个钟头。4点半到5点半工作，然后到客厅休息、抽纸烟、听家人读小说。

刚开始是7点半跟家人一起进晚餐，后来达尔文不怎么吃饭，只喝点茶，吃一个蛋或者一点肉，饭后再回客厅休息。因为达尔文要是多谈三十分钟，当夜就兴奋得难以入眠而影响第二天的工作。

晚饭之后,他跟妻子玩西洋升官图,规定每晚只玩两局,输赢的结果都有记录,达尔文对这种游戏很感兴趣。

达尔文在客厅看有关科学的书,如果碰到家人在聚集聊天时,他就回到书房去。晚上读书读累了,他就躺在躺椅上休息。达尔文对音乐的爱好,一年比一年减弱,之前是相当着迷的,虽然是个音盲,但是从塔西提岛学回来的民谣,还能哼得出来。

等到夜深的时候,达尔文感到疲倦了,10 点钟左右离开客厅,10 点半上床睡觉。上床之后,达尔文的心情不会平静,往往几个钟头睡不着觉,一直在床上辗转。

不幸的遭遇

因为达尔文每天在他所规定的时间内让家人念小说给自己听,就这样他接触到很多文学作品。

达尔文通常不喜欢那些怪力乱神的书,更不会读一些艰深的古籍。他只读能够在图书馆所借得到的现代作家的作品。

这二三十年来达尔文对文学、艺术兴趣的改变,连自己都感到惊讶。在达尔文三十岁之前,他特别喜欢读诗,如拜伦、莎士比亚、雪莱等人的作品,除此之外,达尔文还特别喜好绘画和音乐。

后来当达尔文想重新阅读莎士比亚作品的时候,完全没有了兴趣,甚至连对绘画和音乐的爱好也都消失了。

达尔文在想,如果人生能够从头再来的话,他希望最少每星期都抽出一点时间来读读诗、听听音乐。因为达尔文觉得，没有情操的人，就算头脑很好，却只能变成没有感情、没灵性的动物。

达尔文住在达温的这几年，差不多已经与世隔绝，他的生活是以妻子、儿女为中心。达尔文的孩子有很多，六个儿子、四个女儿，而且他对每一个都很满意。

大儿子威廉出生的时候，达尔文激动得手舞足蹈，兴奋得不能正常工作。在孩子们还小的时候，达尔文就经常带他们一起去散步或采集标本，这比跟任何人在一起都快乐。

达尔文一辈子几乎都没有打骂过孩子，而他的儿女也很少顶嘴或者不顺从。让达尔文很伤心的是，他们的第二个女儿出生不久就死了，第六个儿子查理也是两岁就夭折，更让达尔文伤心的是 1851 年 4 月 24 日，那时已经十岁的大女儿安妮也不幸去世。

大女儿安妮的性格爽朗、温柔和顺，而且十分乖巧，一天到晚总是朝气蓬勃的，惹人喜爱。就连她给达尔文从楼上抓一把鼻烟，小心翼翼地走下楼的情景，达尔文都记得一清二楚。有时候，她还会帮达尔文梳头发，有时候还会为达尔文把领子或袖口弄平。

达尔文的大女儿安妮

大女儿的这种温柔的性格完全是自然的表现，她的态度总是那么天真无邪。达尔文与她一起在“散步道”散步时，虽然达尔文的脚步很快，但是她总会跑到达尔文前面，温柔地回头来向达尔文微笑。安妮喜欢说大话，达尔文有时候学她的模样取笑她，她就把脸别过去，娇羞地说父亲过分。

当安妮病危的时候，她还是跟天使似的那么温柔，她从来没说过抱怨的话，也没有闹过别扭。安妮在病中还常常向照顾她的人致谢。

当大女儿安妮去世之后，达尔文的整个家庭突然没有了以往的欢快，尤其是达尔文自己，对大女儿的死总是不能释怀，每当想起她那爱笑的脸，他就忍不住热泪盈眶。

1848 年 12 月 13 日，达尔文的父亲去世了。八十三岁的老人临去世之前还是很慈祥。在他的父亲临终之时，达尔文由于自身的病情，没能来得及见他最后一面，这件事让达尔文抱憾终生。

后来的整个冬天，达尔文的身体一直都不好。他总是神经紧张，脑袋发沉，由于他心力交瘁，一直无法握笔，除了一些不得不处理的事情，达尔文几乎什么都不能做，当时达尔文认为自己快要死了。

后来达尔文听一个跟他很亲密的教授说到过有关“矿泉疗法”的事情，于是他决定带着儿女们和佣人去往一个叫加利的博士那里接受治疗。后来达尔文感觉自己的身体好多了，他觉得加利博士的这个“矿泉疗法”的确不错，而且希望能够尽快康复回到达温的家，从事他喜爱的研究工作。

最重要的著作

从1854年9月起，达尔文把自己的全部时间都用在了整理种的变异的庞大资料上，不断地观察与试验。

在“贝格尔号”航海期间，让达尔文印象最为深刻的是他在南美平原发现了类似犰狳模样的披着盔甲的巨大动物化石。之后，越是沿着南美大陆南下，就越能发现更多的十分相像的动物。除此之外，科隆群岛的生物，与南美大陆的生物特征竟然十分相近。更让人觉得不可思议的是，在从地质学上看来并不古老的各岛上，达尔文竟然发现了同种而有一点点变种的生物。

达尔文认为这些事实可以证明，之前那些认为种的变异是渐变的学说几乎不能站稳脚跟。

1854年的达尔文

基于此，达尔文开始思考各种问题：啄木鸟和雨蛙都会爬树，种子夹在鸟类的爪上或羽毛上被带到各处，而且很多生物的器官、外形、色彩，同它们的生活环境很协调。这些事实让人怀疑只是环境或器官的一致是否足以说明一切。

达尔文又开始了沉思：假如这些对于环境的适应方法不能够说明什么，那么种的变异说只不过是一种假说罢了。

回国之后，达尔文参照赖尔教授在地质学上用过的方式，把有关人工饲养或栽植的跟自然界的动植物的种种变异事实，一点都不落地搜集起来，看看能不能对问题的解决有一点用处。

达尔文开始采用笔记的方式做记录，他不怀一点偏见，也没有带着任何的法则，只顾搜集事实。

达尔文很在意饲养的动物和栽培的植物。他有时候看询问的信件，有时候就直接和那些园艺家和饲养家们面谈，有时候参考各种书籍，就这样搜集了很多资料。

达尔文断然舍弃了动物或植物的改良上没有用

的部分，也就是说，淘汰是最好的方法。但是野生生物的器官和外形是怎样被淘汰的呢？这还是一个谜。

1838年10月，达尔文所计划的研究已经开始了十五个月，偶然读到马尔萨斯的《人口论》，这让达尔文大感兴趣。

通常长期观察动植物的习性，达尔文感觉到生存竞争并不局限于人类社会，广大的生物界也很适用这个原则。达尔文认为，在严酷的生存条件下，有用的器官自然保留下来，无用的器官就渐渐地消失了，结果使物种发生变化，产生了新种。

如今达尔文已然找到了一条法则似的东西，但是达尔文害怕拘泥于某种假定，于是他下定决心，开始记录极为简单的笔记。

达尔文首次把这个原则写成论文是1842年6月份的事。当时只不过是一篇字迹潦草的三十五页铅笔写成的草稿。到了1844年夏季，扩增为二百三十页。这篇草稿的抄本直到现在还保存着。

但是当时，达尔文遗漏了一个特别重要的问题——从一个主干分支出来的生物的一部分器官，如果发生变化时,为什么连全体的性质都会产生种种的变化?这种变化竟然大得惊人,且看“种”之上有“属”,“属”之上有“科”,“科”之上还有“目”,像这样的分类情形,就可以知道一个大概了。

达尔文在一次乘坐马车的路上突然想起了合理的解释。他的解释是这样的:只要是优秀的、逐渐增加的种族,它们的后裔必定比祖先能够适应更多新的环境,这种倾向是一直传承下去的。

1856年年初,赖尔教授鼓励达尔文把这个理论以完整的形式写出来,后来达尔文就整理出比《物种起源》长三四倍的新稿。但是这不过是所搜集的资料中的精要部分而已。

因为1858年初夏,马来群岛的博物学者兼旅行家华莱士写了一篇题为《控制新物种出现的规律》的论文寄来给达尔文,他的内容跟达尔文的法则竟然完全一样。华莱士说,如果达尔文觉得这篇论文不错的话,希望他能够推荐给赖尔教授。

达尔文尽可能推荐给赖尔教授,而且准备着把华莱士的论文和自己的原稿的精要,以及1857年9月5

华莱士（Alfred Russel Wallace，1823—1913）

日给朋友的信一起出版。

刚开始达尔文一直处在徘徊状态,因为他不了解华莱士这个人,达尔文担心华莱士会认为他做了一件可耻的事。

华莱士写的论文是一篇深入浅出的优秀作品。但是不管怎么样,他们的论文貌似没有受到任何的瞩目。通过这件事,达尔文明白了一个道理:要发表新的意见的时候,如果不是长久地反复说明,是绝对不会引起其他人注意的。

1858年9月,达尔文再次受到赖尔教授的鼓励,他开始撰写有关物种变异的论文。但是后来因为身体状态不好,只好接着进行“矿泉疗养”。

虽然总是在经历挫折,但是达尔文仍旧矢志不渝地想要完成自己的目标。终于,达尔文在1859年10月完成初稿,1859年11月以《物种起源》为书名出版。

《物种起源》是达尔文一生中最重要的著作,也可说相当成功。达尔文刚开始没想到这么晦涩难懂的书竟然能够那么畅销,而且全欧洲几乎都有译本,包括西班牙语、波希米亚语、波兰语、俄语等。

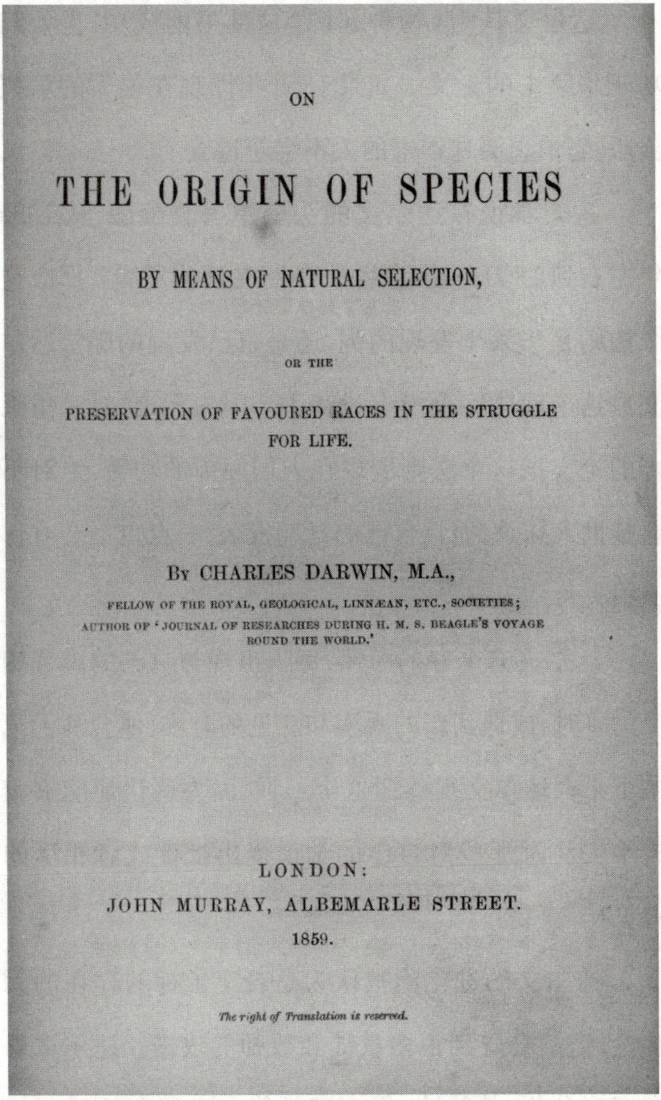

ON

THE ORIGIN OF SPECIES

BY MEANS OF NATURAL SELECTION,

OR THE

PRESERVATION OF FAVOURED RACES IN THE STRUGGLE
FOR LIFE.

BY CHARLES DARWIN, M.A.,

FELLOW OF THE ROYAL, GEOLOGICAL, LINNÆAN, ETC., SOCIETIES;
AUTHOR OF 'JOURNAL OF RESEARCHES DURING H. M. S. BEAGLE'S VOYAGE
ROUND THE WORLD.'

LONDON:
JOHN MURRAY, ALBEMARLE STREET.
1859.

The right of Translation is reserved.

1859年版《物种起源》的扉页

达尔文认为《物种起源》这部书的成功,也要归功于华莱士的论文。如果1856年以现在很大的篇幅出版,恐怕想买这本书的人不会超过五个。

这个学说在达尔文的头脑中一直酝酿,从1839年左右到1859年出版为止,不断在延续发展。那么这个法则是华莱士发现的呢,还是自己发现的呢?达尔文对这个问题完全没有过忧虑。因为无论如何,华莱士的论文把这个法则展现在人们面前的功劳,绝对不会被世人抹杀,而且自己的延期发表,一点也不会有什么损失。

达尔文有个好的习惯,每当出现与自己的思考相反的事时,或遇到新的观察和意见的时候,他会马上记录下来。达尔文很感谢这个习惯,因为这让他能够谦逊地去注意那些对自己的学说提出批评或者相反的意见。

达尔文的进化论被认为是否定了神的存在的无神论,当然会受到很多教徒和牧师的攻击。达尔文总会客观分析,他认为,很多宗教能在人间存活时间如此长久,而且能够左右人们的思想,一定也有它的魅力所在。

不过达尔文认为,在自然淘汰的法则已经被发现的今天,神造万物的说法,已经变得毫无意义了。因为他觉得,生物的变异和自然淘汰的作用,就像风吹的方向一样,不能说是依造物主的意志所创的。

达尔文认为,很多动物由于创伤、饥饿、恐怖等痛苦而发展其进化的过程。如果痛苦很长时间地持续下去,就可能增加对突来灾祸的抵抗力,不过这往往会削弱种族的能力和活动力。而相反地,越是持续快乐,越是能让种族增强活动力。

所以,一切有情感的生物,能够通过大自然的淘汰存活下来,也能保持它们的快乐。人类不仅能在聚会或者家庭团圆的时候得到欢乐,而且在艰难的工作当中也能发现乐趣,而人类不断地发现这些快乐,还可以补偿以前的痛苦。

安静地离开

当1863年新年来临之际，距大不列颠岛东南部十五千米的达温庄园内，五十四岁的达尔文披着厚厚的大衣，埋头在书房中央的工作台上。原来，他正翻看和整理三年前开始的对植物、动物的观察笔记，还有各种从其他书刊上收集到的家养生物的资料。

达尔文非常注重观察。例如，为了研究人类和动物的表情，他进行了长期的观察。从他的大儿子出生那天开始，他详细地记录了他的各种表情，这样的记录坚持了好几年，积累了丰富的材料。

在科学研究中，达尔文“永不忽视例外”。有一年夏天，他在哈德费尔休养。休养院的周围长着一种叫毛毡苔的植物，这是属于茅膏菜科的食虫植物。达尔文一面散步，一面留心周围所有的生物。忽然，他发现有许多昆虫都陷入了毛毡苔的叶子里面，他觉得很奇怪。为了找出原因，他移植一些毛毡苔，并进行长时间的观察和试验，最后终于弄明白了：原来毛毡苔的叶子受到昆虫特殊的刺激以后，从腺毛处分泌出一种酵素。这种酵素好像动物的消化液一样，能把小昆虫消化，然后吸收为营养。达尔文在《论食虫植物》一书中详细地论述了以上的研究。

达尔文认为只有通过大量试验后得出的科学结论才是可靠的和有价值的。他在1876年所写的《植物界异花受精和自花受精的效果》一书就是经过长期大量的试验的结果。

这个时候，衰弱的身体已经不允许达尔文再忙下去了，他经常会出现头晕、疲倦、气喘吁吁的症状。这时候，他不得不推开那些书本，放下手中的笔。因为长时间的每天两三个小时的研究和写作，已经让他疲惫不堪了。

达尔文的书房

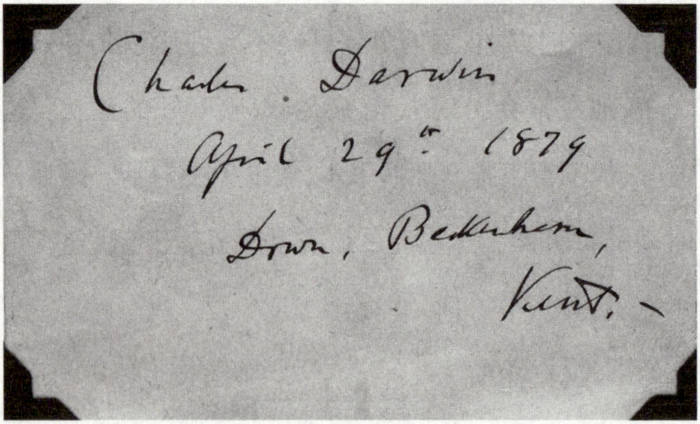

达尔文的签名（1879年4月29日）

1881年的达尔文

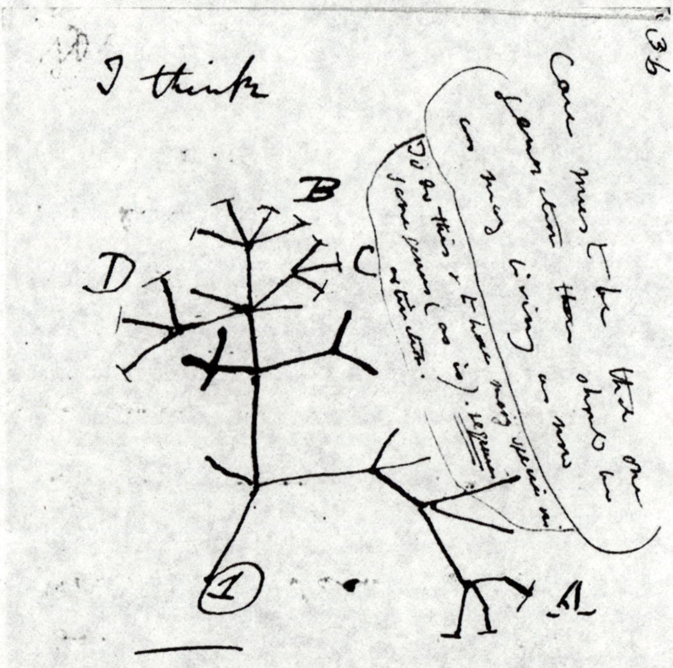

达尔文手稿

其实，达尔文早就重病缠身，衰弱不堪。早在二十二岁的时候，他就患上了心脏病。他在1876年完成的《我的思想和性格的发展回忆录》中也写着自己受尽病痛折磨。从那之后，心脏疼痛、胸闷、心悸、气短的症状一直伴随着他。在1862年的年底，他由于患了重感冒，心脏病更加严重了。这一年，他完成了《不列颠与外国兰花经由昆虫授粉的各种手段》一书。

此外，达尔文还患有严重的头疼病和胃病，特别是二十六岁时患上的一种怪病，这让他的身体状况始终处于病态之中。这种怪病常常在他受到精神刺激或过度激动的时候发作，达尔文会因此经常呕吐不止，而且不能进食，全身剧烈发抖，甚至整夜都睡不好觉。

长年以来，这些疾病让他卧床不起，不能安心工作。尽管每年他都要多次到外地的矿泉村或疗养区进行治疗，但是他的健康每况愈下。长期的病痛折磨、艰苦的科学研究和繁重的写作，让他外表看起来要比实际年龄衰老很多。达尔文的头发花白而且稀疏，脸庞瘦削，宽阔的额头已经爬满了皱纹；他腿脚变得迟缓，只能靠着一根手杖蹒跚地走路；他开始变得驼背，本是一米八的身躯就这么弯下去了。

1882年4月19日下午4点，达尔文在夫人爱玛的怀里停止了呼吸。爱玛和达尔文的子女们一边通知亲友，一边开始准备葬礼。达尔文的遗愿是埋葬在达温村的家庭墓地中，与夭折的大女儿安妮埋在一起。

不过，有些人认为以达尔文的成就应该为他举办国葬，应当埋到英国的威斯敏斯特大教堂。到了第二天，英国的媒体又纷纷发表评论，希望把这个“自牛顿以来最伟大的英国人”跟牛顿等人埋在一起供后人凭吊。

还有一家媒体说，在十五年前普鲁士国王已授予达尔文爵位，但是英国女王却没有这么做，这让达尔文死的时候还是一介平民，不能以“爵士”的头衔下葬。也有报纸评论指出，达尔文要比埋在威斯敏斯特大教堂的政治家更属于那里。

后来，在很多媒体的呼声中，皇家学会的会长也请求达尔文家人同意将他入葬威斯敏斯特大教堂，并且召集政客开始向教堂写请愿书。而正在法国访问的威斯敏斯特大教堂主教还没有收到议会的请愿书，就欣然同意让达尔文入祠。

达尔文的葬礼在当年的4月26日举行。爱玛没有出席葬礼，留在了达温的家中。送葬者包括伦敦市市长，皇家学会、林奈学会和其他科学学会的会员们，以及各国、各界代表。

在一片衷心的赞美诗歌声中，这位伟人长眠于牛顿墓碑的旁边，受世人的瞻仰。

达尔文的葬礼